United States Word Search Book for Kids

Disclaimer

Copyright © 2022

All Rights Reserved.

No part of this book can be transmitted or reproduced in any form including print, electronic, photocopying, scanning, mechanical or recording without prior written permission from the author.

While the author has taken utmost efforts to ensure the accuracy of the written content, all readers are advised to follow information mentioned herein at their own risk. The author cannot be held responsible for any personal or commercial damage caused by information. All readers are encouraged to seek professional advice when needed.

Free Gift

Get a free Word Search **ebook** as a gift below. This is a great book for young kids.

Get the **ebook** at link below:

https://aberobson.gr8.com/

Introduction

Congrats on buying this book. You are well on your way to learning about the USA; and going to have loads of fun while doing it.

US States 1

```
I P P I S S I S S I M A N O K
S R G Y L F Z Y E A I P E O M
I Y J K B C J L E N S S B I V
I T N G S H H F A B B N R B U
R N X I Q F E V I U P N A U J
S N M Z Z G L W N B T J S K H
D F H I G Y F H I C X V K O H
E E Q B S Z G K G Z H Q A H C
M O L N V W T Q R E I K Q F P
D V N A A C Q O I J R F W M Y
T E M W W E A L V E Y D E F E
P A L A B A M A T E J D Z S P
R M O H R Y R O S X U L U Z G
M I D O X H O E E H B E N Z Q
K C M C J E D O W S D R M Z M
```

West Virginia
Pennsylvania
Alabama
Delaware
Nebraska
Mississippi
Kansas

US States 2

```
V K C Z I S H Q P Y N C O C B
Y E Q B I Z A M M M I W U N C
X Q R U X V W S R W B V O H R
O G R M S C A D N M D V N S V
W B N G O N I C C A G J Y T E
H A O U A N I T W X K K F H F
B E G X V C T H L B U R G N P
L P E K M X G N U N N U A E U
U V R K A F A U H Q U V Z W Q
S M O C L G C M O B J X M H H
C O E Y I M T Z V R J Z R F D
J A Z H T E X A S C E B J O Z
D D C O I J Z Q Q O F O A L D
L I M A O V K L U Y I Y E S J
M G X E A A K Y S G F I E K D
```

Arkansas
Oregon
Michigan
Texas
Vermont
Hawaii

US States 3

```
R F R G G A G Y B A M K X X I
Y G O Z W N Y V W Y B N Z D R
S O W R X A O Z B Z Q A O L V
M D D S C T S J U T N E D J J
Z H N X R N S H V Y O U O F T
C T A I U O M I I B L M J G T
M R W D Z M R E E N Q W M L M
U I Y M Q U I W H U G W F I A
X H A Y O K W Q M Q Y T L E R
D Y N S S F I X O V B L O J Y
X M S M L I B P C O I N E N L
O I U S L G Z Y H N T S I K A
M H G F V W K F O R M I T A N
C O N N E C T I C U T G N Q D
A K S A L A S E G X V W T V K
```

Montana
Missouri
Connecticut
Washington
Maryland
Illinois
Alaska

US States 4

```
O W T T N U P U C Z P S R U D
Z N J C Q J N U A B B A T A T
V Y S O Z B P C Z U G C V I I
X C R L P T G G Y J N X B M Q
F A W O I A Y B T R I N M T H
O I Q R P K T E N B M F S E U
N R P A K E N O W S O Y G D A
T A I D P N R Y S F Y T M M N
W H A O E J P O H E W B O E U
A Z Y S Q E U T G L N H A M O
V K S I T C Y Y C A A N S A F
R E Y R M A I N E L C Y I X U
E D K F H L U N K A C R B M A
T W M M Z L I O E F D N P D P
M M C J K Y V Q A Z X G C H K
```

Colorado
Tennessee
Iowa
Minnesota
Wyoming
Oklahoma
Maine

US States 5

```
M Q A N Z W O J H A O F O T S
U A V D Y W T Z I S G Y F J G
F N S X A Q G N Q H X T V A V
Q D M S I V R P T E W R T M A
W I B I A O E L A S N K E H W
M C S J F C O N A R S W K S P
S R P I F H H Y Z V G S Z M Z
C R L T I U P U F G U Q D A F
W A W O H A I C S R O Y Y I N
C I B U F C D E B E U M D G H
S I F N L F A Z Q S T I D R V
R F L T Z O H C A L R T W O E
C L Z K E S O C R Y E G S E F
Q V K W H A T U O G O W M G Z
Y P B J A E T T T W N C X U Y
```

Massachusetts
Idaho
Ohio
Utah
Nevada
Georgia
California

US Presidents 1

```
X F T X N N N J O Z Z U Y C Z
Z H X W D L P O W U O R T O T
X Y A C O O X P Y L C J J O I
J B R R U C I L H Z A G O L J
E J S I R N U J Z N Y I G I P
Q B L L T I E S O B A M A D X
E N B T F L S Q S Y T D E G W
W U T O O F N O H T X Q I E A
J L Z X P O F X N V R D A X O
A C E I S S T Z O Q X N V G Q
Q P M K K Z D N X C F O F U M
G Z C L Z B L X F O E J G B L
L A W X S M L K F S M M H X N
J I L F H F T B A T B H R N S
Z B O B F X N G P O G K I B D
```

Lincoln
Jackson
Obama
Harrison
Coolidge

US Presidents 2

```
R X O O B O P T R F A N D A P
K O T V X B I W M X V A J M D
B Y O T K G E Z R D P D U F E
I W J S C A R D Y T G R D X D
Q A N T E H C N X M T D Q W G
T R X R N V E R X Y M J D Y L
D F L W E K E B O F X Q D S J
B I X F H Z N L Y D A M F M U
W Q P G R Z Z Y T H A E G Z D
T Z P Y U H T E T J H U X P T
Y L M X H Q R S S V U K Y H Q
O G B T T B I K V U U F D F X
D Q R A R E I S E N H O W E R
L Q X M A E U O T R L L P W Q
W W R U A R L G X I F I G L R
```

Arthur
Trump
Eisenhower
Roosevelt
Pierce

US Presidents 3

```
D O T K D O K D O G P X T T D
F N N N T S Q I N J X F U D Y
X D A T G S R B D E X I W I G
R S W L P M V Y U K P Q U N B
J Q U T E K Y Y T W E H B Z U
O G V T S V O E A F S I Y D S
W K I K F I E S D R O F D F H
N N G D H A H L N M J Q P W Y
E H N R L I F A C B T R W B A
D V B Y N T O V U L O U F L U
I S S G L A E L U E Q W M T T
B V T O K Z M Y R S B L B F G
Y O J H V N G L U S B F H X Z
N U P P P C L E Q B R L S D S
F I M H S Y Z Z M V N K S B J
```

Bush
Washington
Ford
Cleveland
Biden

US Presidents 4

```
B A O Z T H E G M N M M X V K
B B E Y M I R P N O S N H O J
N Z L P E N O P Y X X C J E R
W E O I O U M Q M D K V L A H
R P R X U L L Y J G F V G T V
V Q I U V G L T U T P P G E B
A N D F B X I A Y U Z W U B V
T R C V Q N F R E A G A N H A
A P A E R W A M R Y J L O O B
V X O F O W S V L Y R O O I Z
M J Q F R Y O Q T G U F L V G
W M D O F R I I A R T C T D N
L E F H R Q Y S U R C I A K M
U P A P F C K H N V Y J N B I
N I Y Y V H T K S F E P K V K
```

Tyler
Johnson
VanBuren
Fillmore
Nixon
Reagan

Misspellings– States

Identify the states in the word search below that are misspelled below:

```
S L G A O Y S K U J O L I B N
J I H T E L K V U T H V J W A
I J O C E V C J U N A L A Z B
F G Z N O M I Y W S D H X O M
P S W Q I W Z L K G I S J O E
U E C X R L O J W C R F T R J
X B U S D T L Y W I T Y V M Q
C K Y A M H V I N P N Z A E P
L O U I S I A N A R M W N A E
X V O Q W W S E N L T Q L M K
X U Z H R A I Q O B R O V N W
A Q N T U R G I L B N X U B K
S C M E Y S H Z L K N Q X E I
J D K E A O T T Z J E R Y T A
J Y H T Y D J P S L R B F U W
```

Ilyinice

Idahoy

Ohiu

Looseiana

Youtah

Misspellings – States

Identify the states in the word search below that are misspelled below:

```
A N O Z I R A S Y N N E R V L
Y I B X F L I W O I L T I R R
D S N P B O I W F S V R X Y T
K U B R N I X D Q N W X N I O
S M F I O R W X W O L N Q B Z
F N L A V F M S A C M A G D C
C L T P O A I K G S Y R D L Z
I T G O Q I D L T I O D S M S
W Y O M I N G B A W C V U Z C
L X B O J F I K A C R K E D O
K L K V F J W U S X L Z Y W B
B J Q F Z Q O S X D X B L H B
D Q U R Y M K L R K G H E Z X
G S R T X L B R D N S V B L T
V R J E F E Y E G E U N P L P
```

Arezona

Kalifornia

Visconsin

Illyinoi

Whyoming

15

Misspellings – States

Identify the states in the word search below that are misspelled below:

```
N F K M A B Y L J H O S S F U
L W L B H U D M A L G T H R R
O D N O C W N W H Y T D U S F
U T R L R I A E O E A F G H A
I K S C P I N A S G T I E W H
S U M K I S D U W U A V E S M
I B T E M H H A A L M C A X E
A Z G T U C U F V A M U L H N
N O P D A F S I Z M U Z P W B
A Q R S O B Y P O E Y O Z G V
I X S M A R Y L A N D G V E X
B A C F E P F W D C U B C H H
M Z E Q Z J X E J D F U F B O
Z L B S R Q Y U R K Z L X P F
X C D B C P R Z E V Y E X S N
```

Masachusets

Marryland

Fluorida

Loosiana

Hawhy

16

Misspellings – Presidents

Identify the presidents in the word search below that are misspelled below:

Obuma

Trumpp

Wushington

Buush

Klinton

Misspellings – Presidents

Identify the presidents in the word search below that are misspelled below:

Huver

Rosevelt

Kenedy

Jacksun

Byeden

Misspellings – Landmarks

Identify the landmarks in the word search below that are misspelled below:

I	N	H	H	Z	P	X	Z	U	E	D	I	S	C	I
A	A	I	C	I	W	G	M	T	M	F	P	W	W	L
L	E	N	V	A	Y	W	A	G	Z	Z	T	P	N	D
V	B	F	N	P	E	G	U	L	D	G	A	N	Z	Y
A	M	E	F	I	N	B	N	O	S	I	X	Q	D	O
A	E	B	Q	E	X	F	H	V	C	Q	S	T	I	W
M	K	P	D	C	D	O	D	T	R	B	J	L	O	V
Z	L	L	W	Q	G	R	Z	D	U	H	G	Q	E	P
D	O	V	S	Z	V	B	Y	G	E	O	L	E	Q	A
G	M	X	K	G	W	O	F	L	Y	T	S	Z	N	Z
Y	B	D	E	E	D	F	C	W	R	K	F	C	P	N
D	N	A	L	Y	E	N	S	I	D	D	Y	F	J	S
Z	G	D	T	B	D	N	P	U	L	Q	W	S	W	L
J	C	G	I	S	E	E	U	U	H	T	N	M	U	T
G	G	C	R	X	J	T	X	S	S	Y	C	Z	T	Y

Diskneeland

Suth Beech

Been

Gulden Gait

Misspellings – Cities

Identify the cities in the word search below that are misspelled below:

Attlanta

Seechago

Minnyapolis

Sand Diego

Fenix

Myami

Misspellings – Cities

Identify the cities in the word search below that are misspelled below:

```
I H F P C H B H K G K Y A U Q
B J E U V S E P R L L O Z V N
T H C C I L S A O D F F P O E
P T U J E O E S Y H T J T A K
Q I F N L C M P M C S G B M T
R Q Z G C V C H C H N O F H H
T G G Q C G O Q G I K Z F B I
M Z C E Q X R C H Q X T M X I
H B U M U U L S J M Z C Y V F
H N L X K T A H A N N A V A S
V O Q H Q W N B R A T Q S I J
W V B C H B D D E Y D D U C Y
E K E C A W O V F P C W D H J
V A D R G U E K T X K L X R S
G F U B M P X N A N H N M K Y
```

Orrlandu

Hellen

Savanah

Nyu York

Wushington

Misspellings - Cities

Identify the cities in the word search below that are misspelled below:

```
C  J  R  P  Q  W  L  F  W  L  E  K  V  H  Q
R  I  M  M  L  J  R  E  R  W  S  Y  A  K  Y
E  E  N  C  Q  E  A  U  H  R  J  G  Z  L  Z
O  H  Y  C  E  T  L  N  J  O  S  I  D  C  I
M  T  U  M  I  F  A  D  A  U  Z  T  X  M  F
J  L  O  A  Y  N  A  Q  B  Y  R  A  A  L  V
V  N  I  C  G  C  N  E  S  L  F  X  N  B  Z
T  A  E  D  Q  O  R  A  L  A  V  Y  T  B  E
Q  N  O  S  F  M  V  J  T  R  E  C  V  K  N
G  D  H  U  C  P  T  Z  F  I  M  K  V  A  C
Z  S  D  H  D  T  O  C  N  I  F  T  F  M  O
U  X  Q  G  D  O  N  I  F  E  N  I  V  R  I
A  X  P  C  H  N  J  L  K  F  M  R  T  B  H
X  H  I  Q  E  O  F  J  P  C  H  L  K  E  Z
B  H  K  O  L  R  V  V  H  B  M  K  L  G  Q
```

SinSinnati

Comton

Freemont

Ervine

Misspellings – Cities

Identify the cities in the word search below that are misspelled below:

```
I S F D I W R L K H U X R Z L
H T S T W I I O R M A B O N A
X V Q W W F W N C L Y T H W S
K T V D U M L L E K A V Q L V
S K J H U L C X O X F M E T E
V I M Z Z C A X C N F O M D G
X D I U U N Z K W S A L R K A
Q L K O D L X J Y H X Z U D S
R M G R H P R P R T T Y E S R
G D I I R N N L W H O G V N A
G A R A Y E J V E N T Z T S F
L A N C A S T E R B P Z R P D
U L K D B J Q V E G M W Q U P
O X E M L P D S N E U R H F P
X N X S S N E H T A O I K V B
```

Lankaster

Rocford

Las Wagus

Aleksander

Aythens

Misspellings – Cities

Identify the cities in the word search below that are misspelled below:

```
K R U X Z G A Z E R F P P N P
L E L O Q F A E N P N L J H S
B F E K W U K J I M U Y A E M
S I W F S U Y T V T P M N V A
C M D Q A V R P R I U O Q B O
K A O W T M G A I D X U L B K
P X L H U E E D L M S T M T E
N I R O C H E S T E R H Q D Z
M T R A J J B M S Y I O O F E
N P W P B J C R U R N G Z H E
X J I N T A Y T Z J J J H T I
J Y T G C E P C L P E C J D G
R I D D S F B B V R Z R N Z D
U B D U M D A V Y D F C R Y N
W N R F N H Q U L U D Q A O A
```

Ervine

Rockfurd

Milwakee

Rocester

Ralee

24

Cities that start with 'A'

```
A G O N R S M D O E B S L J L
Y I F Z B N F T M C N A M B X
N Y S P K R Q W P E D C N G J
B O F U M Q X W H F J L J W Y
T M V Y L B E T L Q O O G I U
E O E B T A A P P N X B Q N H
I R D E V E D O T O F R S C F
S B I G Z V N N D T H F C Q X
A A A T M O R E A S F P E Q N
Y E U N J J H S D I U M X P G
J S Q B D M Z A J N T U S I Y
W B L T U I S G A N H D G Z Y
U K O O H R P V S A U A H M X
K A C M E A N U A A W V N R N
U A E P U R E F N F R I J O W
```

Andalusia
Anniston
Athens
Atmore
Auburn

Cities that start with 'B'

Baltimore

Belvidere

Batesville

Bath

Baton Rouge

Cities that start with 'C'

```
Z M R C J C M C A Z C I S B U
Z P G H X P I Z F T G E D G A
T C B I V B I N Y Z R P E H X
B Q H C D K B L C N M R Y J A
K T J A B F O I M I D J H J U
V L X G V X Q D L E N X V R T
C Q S O A O O D D D M N C J Z
N O T P M O C Y S E S A A Z T
M X G B T N Q W H N M J H T P
C O L U M B I A K P X Z L V I
Y R C G P D Q I D C P E B A T
W T K C I F M E P Y J F L X R
W P D N G F N W N D H W P K C
B F L Z D N W I Z E D S Y O M
Y V J P V S W R E A F E L F V
```

Columbia

Cincinnati

Chicago

Campden

Compton

Cities that start with 'D'

```
R B T D Q I I J K D U B L I N
E E H J I K R W C E S K J B M
W J E Y C I R F Q N R G P C N
I V W D O O C I F I G W X M A
Z H R T L Z E P A T Z T D T E
H W P E Z H Q H Z I I A J P N
N I F J L F P V H D M H L Z Z
U H L B P Y C B B A W B O I Y
P Y X K T Z V R S G Q P I M A
C Q Q C M B C C S A L L A D K
D K B Q L X U I V V Z B J U R
I I G A K S P F Q B E R A V A
S O K U O G G N G T S T N I P
G E H N C Z V R Y P S Q I B R
D S P Y G M A K N R M O I H P
```

Damascus

Dallas

Deer Park

Dekalb

Dublin

Cities that start with 'E'

```
Q I H H D E L W B A D M P X O
E U A O O F S H O N W T L I B
T Z Q T R P O I K H U W A I S
R P K A A K L G R E U R E K A
A C E M D E H A C P E H B N O
E L E L O Y Z L S V R Z P D O
L E Q W T Q M U L G E E I P O
Z O E K M A S A R L F D T Q J
L O V I S L F F M J N F J N K
Q H J N J M D U M O M M H S E
F S P X R Y L E C S H C N J Y
D L Q F T G B S S U E O Z C V
Q B Y A I G E M B A Q E D H L
U I F E F S C Z X L L B O J O
B R H D N Z W C W Y A J O M S
```

Enterprise

Eufaula

Escondido

Eureka

El Dorado

Cities that start with 'F'

```
F N P A Z T R T Q U B Z M O F
R A K L R A Q N F H U B N F A
L L I B Y K J O E Z Y S X D R
W F C R A U R M T D E Q Z P M
B S A R F R O E J R L A P Y I
R L F L R I H R F V M Q X O N
R V N P L X E F P V T E X S G
N F V Q V B F L Y T L L K Q T
K B C X L A D M D O X T Y Y O
V M R U E C Z P H U W N H V N
G E E T K L G H O T T S U R C
K D I J D F I R Y H G T Z Y I
I R R Q B K Z O O T N I V U B
O A D F Z L S J M U W U C C O
U C H P K F U L L E R T O N C
```

Fremont

Fresno

Fullerton

Fairfield

Farmington

Cities that start with 'G'

```
G O R O B S N E E R G G V A P
O R E M G Z R D B H R A K V G
G M A K A X I Q F E E T J V M
I R S N V H Y I E T E D P O H
D E E L D T S N D O L N K A C
E A R A L R B E O I E T T V G
N R J D W A A Y R W Y H A L F
E Y K X Y D S P Q G X S D P F
H E M U G R M C I L Q O D U I
R D T U O I S W N D O X K A M
Q J V E X T Z O V I S B A H X
H B I D A O P L X A V L W P W
D P K R A F M K V A S T J H Q
S G M K P N G A E B G O H N T
X N M J N O A Y S S X L N G M
```

Grand Rapids

Greeley

Green Bay

Greensboro

Gresham

Cities that start with 'H'

```
V W I H U V A S D W E L N E L
L E L E E S P R K K F Y O M L
P U L R Q N O K V O C M T V H
R R D F U F D F F P R A P Y I
J E I M T K T E Z M S R M K H
W T X R I J I I R D D K A X K
K F A A O D I D L S N V H K U
Y H H A Y W A R D H O X C H Q
V Q N U P J A R C I R N I F X
S G T F S V A Y W A Y S G I B
P C U I W V D S Q L F X H Z Y
Z T Y I P Q M K P E I C I L V
A D W H M E R A V A P G M L X
I N O Y G A N Q I H Z L C B B
W I O M E Z H I Y R Z T H V I
```

Hampton

Hartford

Hayward

Henderson

Hialeah

Cities that start with 'I'

```
I H G I X Q S W K I D S C Z A
H N X P W H U K S N C J W D L
D R D S D Y N Y G G Y W H E P
K T T I X R U P I L R B P R G
W C G R A V Y R A E Z O E J F
F C B X C N V X E W I J P F Z
S M N W Q I A V G O B F C E H
Y P Z T N O P P S O G J A Q V
X N M E V M T G O D X S F I Z
G N I V R I G J H L Z B K W F
C Q B T X E F M X K I Y X X B
L Z G W I I Y W A H P S B N M
Q Z U P E B R S D S I G Z W Y
J U A Y Q W Z Z J G B J B K Z
I N D E P E N D E N C E R A Z
```

Independence

Indianapolis

Inglewood

Irvine

Irving

Cities that start with 'J'

```
V Y A Z Z L X H K H N F B F B
F W W S V P F I M G Z T J X A
G J P T E U J H W Y E O O E U
D J D F G H Q G L C H C L Z J
C P E A M E Q Q N L J U I B J
W M U R V Z C L Z H Q R E O O
J A C K S O N V I L L E T C M
G U C H D E N Q F Q S M O Q Q
P D O E K O Y Q J V F V L R G
K G V S S O D C F Z F D R Q I
W R D K X V X T I V P K E S R
W U C R I Z F O O T G R D C Q
Z A K W B Q E O Q S Y Q I X U
J I B Z A U Z R T H L D L H Y
C U J J R B Y K U F S H G X C
```

Jackson

Jacksonville

Jersey City

Joliet

Jurupa Valley

Cities that start with 'K'

```
E J I A N Q V M P N U K S E C
L L Z L A K M G M N E S C T W
C Q L J T A L K W N B M A T R
Q S K I V K W H T E S N R E I
T J V U V I R P F B P V K Y U
W O J X S X N R J B P P T A W
A B M X H M O I P M P G I F L
R T N N J D Q N L O D F P A R
O F G Z F K B S K N F L N L Y
K Q B U R S C G A K Y C S E P
Z K D J S B B L R M I D C L Y
X I O J D I E G X X B D I C V
N J Z T O K Z H Z B B R K G N
Q Q W I A V N M F C U E Z F W
N E E L L I K N V W W T W T H
```

Kent

Killeen

Knoxville

Lafayette

Lakeland

Cities that start with 'L'

```
D S J L C J I Z D R L E L L V
R E L B A O I N H A B M A A A
T M O B F N A G S W C M D R C
E R J Z H L C V S Y R S B E M
T X X D E H E A K E R C P D H
T J M K D G Z S S G Y W P O K
E A A O A V I F V T D C V M T
Y L F S O W A C S N E M T Y J
A I J O N T F V R F M R Q Y P
F L A K E W O O D D Z P A I A
A D O Z K T E A F C F V S I Y
L T B K H D Y Q Q W K G B T B
J S K I A D T D E S A X Q Q I
Z X G F P C B G C D G O N J L
D D O O T L F Y M P X N L U Q
```

Lafayette
Lakeland
Lakewood
Lancaster
Laredo
Las Vegas

Cities that start with 'M'

```
M O X W A M I Y P H M Y Y M I
M I T M E S X J K I U R I I Y
I M A S H F V V N S X E U L Z
E E M M E A E N Q S S M S W B
P K C U I D E I W H M O T A Y
S P R X Y A O Y Y I P G Y U M
D B U I P Y X M Z C P T G K Z
P G K O C W E W E P Z N A E F
R R L N Y J J G V B T O J E G
U I X H C O K A Z B T M P E A
S E L I B O M N B P G U G E K
L R M A Y N P A H D J A V O Z
Z K V K R O F C U R H E I H O
J Z X M C V J R E P D E P P Q
T R C N I J M I T J J C L E A
```

Miami
Milwaukee
Minneapolis
Mobile
Modesto
Montgomery

Cities that start with 'N'

```
C S H W O H J N S N X U I S Q
Y Z T G L X S E E H L F I A H
N L T C C J R W F D P D A B B
X A W S D Y Y O A B H D S T T
N I M J A O G R C X H Y T R R
W E N R R K N L L Q T P R X K
G W W K O M M E M D O B O M U
Y E J H W N X A X H D R L F G
Y H L H A Y R N A K O U L G B
U I G Y Y V N S K L O F R O N
E C F V R A E E K J C H D A H
L C B V X G Z N I E A G A J K
T Z K W Q I Y F Y I D O F T H
J E L C F A I L C J Y B N T R
R I P J A G D T M U F E J F I
```

NewHaven
NewOrleans
NewYork
Norfolk
Norman

Cities that start with 'O'

```
A E L X O D P D M W Z N B U L
J L G M O Y E K C O P J M U K
V Y A N N S U H I V J X X W W
V H B P A Z T U Q H M J F A M
A X F A D R K O X Y W K N O H
P B N W B C O D Y Q W J O T Z
B C K H N L P L I P N P N Y R
J E O Z M J F A L X U T E M O
O I R A T N O S Z A J X X O D
M L I X G Y I I N C F E C L N
D L R M T K J Y D C C X I A A
N T X L X L Z K X W V F U T L
K Q N F T E W A R V V I L H R
C X O T D N K W U O B N C E O
H B M W Z D G V Z U A U W E F
```

Olathe
Omaha
Ontario
Orange
Orlando

Cities that start with 'P'

```
Q Y V T M U H L J L R P B T A
Q W R I U A V X P Y L T C T R
P T I U A X O L O A K R U I F
P I W L E X O P N X B E B V T
I H P A M U A O R E Z P X H W
T N O P H I L A D E L P H I A
T H R E R O N P U K R R D N K
S P Y O N X R L J X V U W T T
B B E A M I F D F A L J S E J
U P Q Q U J X F T Y U B S I Z
R S J D B R H H W I D Z U U C
G V Y D Y D K Q F R C F S T E
H P J M P O D Z R L Q I X Z N
V F Q A D G X D F U Q C O R U
K R K L M H Y T N C Q G V K Y
```

Peoria
Philadelphia
Phoenix
Pittsburgh
Plano

Cities that start with 'Q' and 'R'

```
H B E U A C Q E W F A N M I S
G G E O E I Q D I E W P K R M
O F I X W S O I T M D P L T X
X K J E O B M S C S W B R V Z
N D Y T L M H R G E G E V P A
X K A H I A F E I N T K K O C
L B X P L N R V H R G I S L F
Y C N I U Q R I L O S C C O P
L M I J L E Q R O C C X Z C R
N F U K V B K E A K L G V X V
Z U D I K M O E F F L Z N X W
V Z R R R Y K B C O O O F Z N
S C U D H U R L W R W O A W B
R O C H E S T E R D K G D G I
X U O H M H X O I G C F M F W
```

Quincy
Raleigh
Riverside
Riverview
Rochester
Rockford

Cities that start with 'S'

```
R T E Q S N E X P O Z S E R A
Q C G L K Q K T E D A M L Q V
H A N N A V A S R N A T T I D
A Z B X O D I K F Z S H T B X
G L L J P Q S R E L L R A E Q
S B F W G O A T Z C R I E S F
A A I E B N E R T C U H S B I
L W S R C N E S R O X C R J Q
R B N I Q H T A R R C J T M S
T P S D S U A N A I C S J R S
Z C Z K Q R V D N N B R C F V
O Z M A Y P F I V M L J S N D
I I I G T L M E M F T Z M N D
C P I G J C Y G Y S X S M P T
N T V G F N E O M O O V K X Y
```

San Diego
San Francisco
Savannah
Scottsdale

Seattle

Cities that start with 'T'

```
T Z X B C I W T E Y D Z L T E
R E P P Z F O F S D P P L O F
F P M X J R C A Q B P D X L G
X X M P R N V T V W H N J E H
N X B A E Z C S X G R F G D A
G A N U G M K W P C F I U O I
F C Q J S S M V Q O S U J B O
E O I B A Z X W E T W X A O E
M T C S S I F S P H O P Z T F
M K B T R M D N W S I L H B S
Z K Z V I D R F F L U J Y D B
E M C F X N O S C U T O V J N
Q X F Z A M T V N Q D P I O H
H V Y D Y Q K S O V T S I D L
O O S B N C E G B G T A M P A
```

Tampa
Tempe
Toledo
Torrance
Tucson

Cities that start with 'U' and 'V'

```
S E S M S L E C X F E V U G P
M H L Z U I B F Y L Q T O B S
H V O L H A M I L P I H J C S
Q R M W I W I I S C J J E P G
Z R J J C V V E A E B R L U J
A D X G S R A F Y X N I L V Q
X Y N Z O R U C W B O W A V D
R W K T Y V I S A L I A V A J
X O C O Z G A J I V B W E F N
J I W P X S H L K K X N O W C
V T D C J Y O S B P S N Q R B
C O J B Z M R N C F L C C K X
D X I I G P G S O M Q H D R J
A N A B R U Y K D R O Z F F N
W R B O L F Q Y B X K P L J H
```

Utica
Urbana
Vacaville
Vallejo
Victorville
Visalia

Cities that start with 'W'

```
O W E Y K Q S E R P W P X A H
H A R G F F O M H A N X U A R
N P O I H X O Q S S T E L T O
R R C H G V M H N E I D I I X
A E W I L M I N G T O N B H E
E G T N S N R Z G V T V I C J
Y Y K S G J C H B S K M X I G
D W U T N Y R U B R E T A W H
B W O L I I O B L S Z Y X K I
F N W C K K M U K R O D Y D S
H Z S K V G K T R I F S Z K M
H D P V F P O Z S K N I U K L
P E L Q S Z K G P E B V U V V
F Z P H Y M Y H X Z W G X F Q
C F E P J I S Y X R K X I C O
```

Washington
Waterbury
Westminster
Wichita
Wilmington

Cities that start with 'X', 'Y', 'Z'

```
W C D N D B X T L I E H U Z L
H W P E Z W F A Y I O J E Y F
M F N K F Z U A N D M Q Y Y R
H Y F H O J K M A A G P I O X
Q C H A Z I G I Z B D L J N W
N U I F M K Y M Z X K U G K Q
U O D A B I I V I M M H H E K
E Z I T N J G W R C B N J R E
V A U Z H D E Q L D X H X S O
J W S G L U C C Y Q G Y P B U
J G N V R H E D J W E B I V I
Y R A H C A Z Z V B D C P P D
E Z V I O U J J S Q V W M W C
D A U J H Q X T B Z R R L H G
E E H D E P F W N L M S B F V
```

Xanadu
Yonkers
Yakima

Zachary

Zion

US Dates 1

Find the historical US dates below:

9 9 0 1 8 6 8 1 9 7 0 4 2 0 2
3 6 3 0 4 1 9 2 2 3 2 1 2 0 2
3 1 6 0 7 1 0 6 2 3 5 4 1 2 2
9 7 3 6 0 4 9 9 4 5 9 1 8 0 3
4 8 5 9 8 6 6 3 2 9 0 9 4 7 7
5 0 3 8 9 2 5 8 7 6 9 1 5 2 5
3 5 5 5 6 1 2 5 1 9 6 9 8 9 1
0 1 3 7 8 7 7 3 2 1 6 6 1 6 0
2 4 0 7 4 3 9 7 7 7 7 8 4 1 0
2 6 1 1 6 2 4 9 8 7 1 5 9 8 5
5 3 5 5 7 5 8 1 4 2 0 6 6 4 1
2 9 3 8 2 7 2 2 0 8 5 3 4 6 9
4 7 1 6 8 1 6 7 4 8 2 9 2 5 3
4 9 4 7 4 9 1 7 1 3 5 3 4 5 0
2 1 8 3 0 2 2 1 7 5 2 3 1 8 7

1776 – Declaration of US Independence from British

1778 – French joins the US war against the British

1789 – US Army is established

1803 – Year of Louisiana Purchase

1812 – War with England

US Dates 2

Find the historical US dates below:

1	1	2	6	0	6	5	9	7	5	1	8	0	8	8
3	4	3	7	4	2	2	9	2	7	5	3	4	1	0
0	7	7	3	3	4	9	1	8	5	1	7	6	7	3
2	9	2	5	5	5	0	6	8	7	4	6	8	7	2
1	7	9	3	3	6	7	9	0	1	2	1	1	0	6
3	3	2	1	6	0	4	0	6	9	5	8	1	5	9
0	1	1	9	4	6	8	2	6	9	6	1	8	6	0
6	5	3	5	1	2	2	0	5	2	0	5	5	2	6
1	1	0	1	7	9	2	4	3	9	2	9	4	5	6
8	8	9	8	6	2	1	5	3	8	6	1	0	6	4
4	2	5	8	8	6	1	9	3	0	4	2	4	2	5
8	4	3	4	3	4	9	6	6	1	9	1	2	6	7
7	0	5	8	8	3	7	1	4	9	8	5	5	5	1
4	3	0	9	3	5	2	4	8	8	4	6	9	6	0
0	3	8	0	9	6	2	1	4	3	2	6	4	5	8

1808 - Atlantic slave trade abolished.

1815 – End of US Britain war.

1848 - US acquires California and New Mexico from Mexico.

1854 – Start of Republican Party by opponents of slavery.

1860 - Abraham Lincoln elected president.

US Dates 3

Find the historical US dates below:

2	8	9	1	8	6	5	2	8	1	4	5	3	9	0
0	4	6	0	0	0	1	9	6	9	8	8	4	7	7
7	8	9	3	6	4	9	5	6	2	4	1	9	5	7
1	1	7	3	4	2	8	2	4	0	7	5	2	0	5
2	3	9	7	0	0	7	5	2	8	8	2	0	7	3
3	4	5	2	4	2	7	7	9	7	6	0	8	7	1
9	2	1	6	8	0	3	7	7	0	1	8	9	6	3
4	3	2	7	4	4	7	6	9	0	5	2	2	2	7
3	0	4	8	8	5	7	5	9	5	5	7	7	7	1
3	8	8	5	5	5	6	8	3	7	5	0	5	0	6
2	1	0	2	1	3	9	9	7	0	1	0	1	5	6
4	7	5	2	8	3	7	0	7	4	3	9	2	1	7
0	9	2	2	6	3	3	1	6	8	3	3	2	5	4
5	4	4	3	1	3	9	5	9	9	5	3	4	3	3
5	8	6	4	2	1	8	9	8	0	5	8	2	4	8

1861 - Start of civil war.

1865 - Slavery abolished under Thirteenth Amendment.

1898 - Puerto Rico, Guam, the Philippines and Cuba are part of the USA following the Spanish-American war. US annexes Hawaii.

1917 - US intervenes in World War I

1920 - Women given the right to vote under the Nineteenth Amendment.

US Dates 4

Find the historical US dates below:

7	5	0	0	6	9	6	8	3	2	8	0	9	8	3
2	4	2	9	9	9	1	7	1	5	0	5	6	4	9
0	4	1	3	8	0	5	9	0	8	1	5	3	9	3
4	2	1	9	8	1	3	7	9	1	9	4	1	6	7
6	4	2	9	6	6	7	2	1	9	2	0	7	4	1
3	1	0	0	1	1	9	9	2	6	4	3	7	4	8
7	9	1	9	4	5	1	9	9	3	1	0	9	6	2
2	8	9	7	4	2	1	5	1	5	1	3	2	9	0
5	5	2	1	6	0	9	0	0	7	3	3	3	0	8
8	3	6	8	6	9	3	2	1	6	0	7	8	9	9
0	2	6	6	0	3	3	0	3	5	1	3	9	0	9
5	3	6	1	9	7	7	7	6	4	8	5	6	9	0
9	7	8	6	0	5	8	7	2	2	4	7	3	2	7
2	9	4	4	5	1	8	7	1	4	2	6	0	6	7
8	8	7	2	7	9	6	1	3	6	9	7	4	0	7

1920 – Prohibition of alcohol.

1924 – Indigenous people have right to citizenship.

1929 – Start of Great Depression which had more than 25% of population unemployed.

1933 – Start of "New Deal" public works program by President Roosevelt.

1941 – Japanese attack Pearl Harbour

US Dates 5

Find the historical US dates below:

8	6	6	5	8	1	8	7	1	4	2	4	8	0	9
4	1	2	9	7	1	4	6	6	2	9	6	0	3	4
4	9	1	1	3	5	3	7	7	7	7	4	4	2	9
2	5	2	5	3	9	6	7	1	8	5	1	8	0	3
2	0	5	7	2	6	3	9	9	1	7	6	8	2	9
6	5	9	2	8	8	6	6	5	8	2	0	3	1	3
7	0	6	0	6	3	2	2	4	0	6	3	3	1	0
0	4	7	4	0	1	0	7	2	9	2	9	6	1	6
1	9	5	6	6	6	3	9	1	7	3	5	7	5	6
7	9	0	4	0	6	1	1	2	7	5	7	6	3	1
9	9	1	5	5	0	9	6	3	7	3	3	7	5	7
5	0	8	3	2	4	4	1	7	0	6	1	3	4	6
3	4	2	5	0	0	5	7	1	8	8	6	9	8	5
0	6	1	3	3	7	4	0	8	3	0	1	4	6	3
2	9	3	2	4	8	5	1	6	8	8	3	5	2	7

1945 - US drops two atomic bombs on Hiroshima and Nagasaki.

1947 – Start of Cold War with Soviet Union begins through Truman Doctrine.

1950 - US start fighting North Korean and Chinese troops in Korean War.

1954 - Racial segregation in schools becomes unconstitutional; start of campaign of civil disobedience to secure civil rights for Americans of African descent.

1960 - John F Kennedy elected president.

US Dates 6

Find the historical US dates below:

4	1	1	5	1	0	8	8	0	3	1	0	3	7	6
0	8	6	9	6	3	2	0	3	5	3	3	1	8	9
9	9	1	8	5	9	7	2	9	9	7	9	0	6	9
5	4	1	7	5	5	2	0	9	7	8	4	2	7	0
1	4	4	2	8	4	8	7	0	5	3	3	1	1	8
5	2	6	5	4	1	5	1	2	3	2	4	6	3	6
0	7	1	4	1	1	1	9	2	3	0	6	9	1	0
2	3	9	9	9	4	0	5	9	1	3	4	4	9	9
3	0	0	6	6	7	7	2	3	8	0	9	0	4	1
7	3	3	9	3	2	5	5	4	8	3	4	4	1	7
6	9	1	4	2	1	2	6	6	8	9	2	8	4	0
1	5	1	9	5	0	0	4	3	3	8	0	9	9	5
5	9	9	1	4	5	4	0	2	5	9	2	4	7	9
6	2	6	0	9	6	1	7	1	2	9	1	8	4	6
7	6	8	1	0	3	8	0	8	5	3	0	1	5	2

1961 - Bay of Pigs invasion: an unsuccessful attempt to invade Cuba by Cuban exiles, organised and financed by Washington.

1962 - US compels Soviet Union to withdraw nuclear weapons from Cuba in what has become known as the Cuban missile crisis.

1963 - President John F Kennedy assassinated

1964 – US Civil Rights Act signed into law; it aims to halt discrimination on grounds of race, colour, religion, nationality.

1968 - Civil rights leader Martin Luther King assassinated.

US Dates 7

Find the historical US dates below:

1	1	8	1	7	4	7	0	1	4	9	0	6	2	0
1	9	7	4	9	9	1	7	5	4	0	8	3	5	0
3	6	7	3	3	8	6	5	6	6	4	7	3	3	3
3	9	6	3	3	1	9	8	8	1	6	0	9	4	4
6	5	6	3	5	0	9	1	8	1	5	1	6	2	9
2	2	9	5	5	6	0	9	7	1	6	6	7	7	2
5	7	4	0	3	1	7	8	1	2	3	5	2	1	1
6	1	7	1	5	7	0	6	0	9	3	3	5	4	8
3	2	6	5	7	0	4	6	4	7	8	5	2	5	8
6	9	2	0	8	6	9	2	0	0	3	0	1	9	5
4	9	9	5	6	8	7	0	0	8	4	6	2	8	4
7	1	8	0	9	3	3	7	1	4	1	6	1	6	9
0	2	0	3	2	8	9	1	4	9	9	7	3	6	5
3	3	1	3	4	3	2	4	6	5	3	2	4	7	4
0	6	0	0	4	4	2	1	8	9	4	7	8	4	8

1969 - US astronaut Neil Armstrong becomes the human being person to walk on the Moon.

1973 – End of Vietnam War.

1974 - President Nixon resigns in the Watergate scandal.

1988 - George Bush senior elected president.
1991 - US forces play dominant role in war against Iraq, which was triggered by Iraq's invasion of Kuwait and ended with the expulsion of Iraqi troops from that country.

US Dates 8

Find the historical US dates below:

```
5 7 2 6 5 0 2 2 0 7 8 7 6 2 0
0 9 3 0 3 2 0 4 6 9 3 9 8 5 2
2 6 7 8 2 0 1 8 3 6 0 7 4 8 0
8 5 3 1 0 0 6 3 7 9 2 4 5 0 3
4 9 1 9 0 1 4 1 5 2 0 7 5 0 7
3 8 1 3 2 2 1 6 0 5 5 6 2 9 9
7 1 5 6 0 4 6 0 4 8 7 6 3 8 9
0 5 2 0 0 8 9 5 3 5 9 4 2 4 2
1 5 3 2 1 3 8 7 6 1 0 8 6 5 8
0 7 1 7 8 9 5 6 5 6 6 6 6 4 7
9 2 6 4 1 3 7 1 3 1 6 1 1 3 5
1 4 2 8 3 8 5 0 6 8 7 2 5 9 0
9 2 0 1 1 5 2 9 0 1 8 2 0 1 1
7 0 3 1 0 8 4 5 9 7 0 6 2 2 4
5 3 1 3 1 3 3 7 6 8 0 3 5 1 0
```

2001 – New York's City's twin towers are attacked by terrorists, starting war against terror

2008 – First Black President Barack Hussein Obama is elected

2011 – US kills Osama Bin Laden in raid operation in Pakistan

2016 – Trump elected President; marking first time a non-government official has been elected President.

2020 – Joe Biden elected President

US Basketball Teams 1

```
P N V V V X G W H G W H K O R
M K B C N P I S T O N S Y F W
S D J F O Y R X I V R M J W T
B R C L A M X B K R F N O J F
A C E P W Y S A L G S F E P T
M C P K T G C O J N G U Y T U
K G S A A P I D M Z E D Z E S
B X K G N L T A B L E S J D P
N M P T M G L J A P T R M U R
O P A J P L E F K Z Y T E B N
J E A X Z V C C R W G O E I L
H Q L H E H T B G M M O Z R U
E I X S L D Q Z W K K W A K X
H N N R T A L W W C E N S V D
N A V H M H I O L P J Z I I H
```

Lakers

Celtics

Heat

Pistons

Hornets

US Basketball Teams 2

Rockets

Kings

Nets

Knicks

Suns

US Basketball Teams 3

Magic

Raptors

Wizards

Hawks

Warriors

US Basketball Teams 4

Cavaliers

Mavericks

Spurs

Jazz

Pelicans

US Basketball Teams 5

Grizzlies

Pacers

Bullets

Timberwolves

US Basketball Stars 1

Bryant

Bird

Johnson

Durant

Allen

US Basketball Stars 2

```
N B F U I G I U Y U X F D X E
E O I K B U B G E P D E C L K
J Z S M I E D O K Q M L K F H
O D H R X C W Q T X E M K K Y
G H E V E E W N C W K S D G P
X U R R N V Y Q L C T L Z S M
F B C A Y I I N W N Q K N D M
B D G C W V I N Q O I S O W G
G R Y Q F I T V V T J S T J Z
U K E X U X Q W C J P F D D E
F S P G Y I D S X H O F R H C
Z A D K E G H D C X F R R O L
U C P Y N A C N U D K F D I R
F G S U D L F F G U E V E A F
T W D N N Q C Q V P T G L E N
```

Jordan

Fisher

Fox

Duncan

Iverson

US Basketball Stars 3

Curry

Doncic

Booker

Paul

Irving

James

US Basketball Stars 4

```
S N L K U V X P L N Z R Z P V
J O M S O E U X O A C I R T X
W W H R T P B T E G E K D O K
H U U O W X K P L T G N J I A
L J E Y Q C P I P P E N O N C
B A Q U O L G Q O J E S M C Y
S L W T C T Z M E B W Y A O P
S O S S Q Q J O Z Z Y J S H P
Y M D X M N S M Z W G C Q O P
L F V F T Q B V G F S D F V L
R A B B A J V Y Y Y D W G E
E P N M F O I N F O X F T Q N
P R S X C U J I V D F V C U W
A N N C B Q Y H L T G D C Q M
G Z B C D R X B M Y N T H V L
```

Jabbar

O'Neal

Olajuwon

Stockton

Pippen

US Basketball Stars 5

```
N C S C A X Y Y Z D M T D N P
B A I W I R I W E R H T K H F
L V S L K O J L P L F E O V W
U Q T H H P L U U W K N L D I
P X Y I F X B S F Z L R T R K
D R E X L E R J W K M A A T A
V O P L R P D P J I Q G J B D
Z Y A N P U Y V K Z G O A Y V
Y O A H D S G Z E W X C F I X
V U A U J V T G T C E D G K A
W J N B T I Y N S T I D X G X
G V B O W L H V H J L B C Z X
O R Y O H B P S T X T U T T X
P G N K Q D T F X C K R X H Y
Y C B N C M V D R C F M W A C
```

Barkley

Garnett

Nowitzki

Drexler

Nash

US Baseball Teams 1

```
U G A X S S P N Y T Y E L E B
K O H E F N C T C Z Q W E W T
H N G F U A F E X N E S V S J
J Y D U Y I F C W U R D Y K V
H G M U P D C N W E T D C P I
I P G B R R S F G U R P X Y C
E G K I V A A I Q E U R Y O G
F S Y V H U T Z D R A A O S Z
T R K E A G T S X W E I V O I
V R S T N A O S F E B I Y R O
P C B X G X N N N I I A G Z J
M O S R E G I T U I W L L F Y
D F M N L Z W U C Z W D E T X
M P N S S U G F O H T L X R
Y B S Q G W K F S B D Z U E K
```

Angels

Red Sox

Tigers

Twins

Guardians

Tigers

US Baseball Teams 2

- Orioles
- Blue Jays
- Rangers
- Athletics
- Royals
- Mariners

US Baseball Stars 1

```
M B A R R Y B O N D S L B J U
O I Z H O P V I B A B Q A F G
M H C C A H U J K U N C B V Y
C L Z K P N G E C F K F E N X
F O Q J E N P R P I H C R H B
C T N S J Y R I E G E U U W Y
G G B O G R M R U W F K T V B
F E Y P H G O A D D H L H J I
V N T X J B O R N A E W O H M
P V L U I E G U Z T R V H I I
L E Y N X P Z E O V L T V X W
L P S W U W G Z O I R E D T T
R O R Z D Z U D M N Z Q H B S
N I P T D L Z C O E N O Y G Q
D C O W G D A H L H G L O Z A
```

Barry Bonds

Mickey Mantle

Babe Ruth

Randy Johnson

Jackie Robinson

US Baseball Stars 2

Lou Gehrig

Ted Williams

Ty Cobb

Hank Aaron

Willie Mays

US Baseball Stars 3

```
S F A C R L R A N N U G E T D
H D Q Z I O E Y X U Q T Y W T
W A X J W T T P Y M N C Z U L
U J N U J Z E Q R T Y O M O B
X B F K P M J J P K O T I S Z
K E G U A K K X J A D G L U G
L A O U I A E P I F G B O H K
U B S Y V M R F G A B T U M L
L V T R M T E O M E H P G V F
A N S K D U D I N O Y C E D R
Y F W A K Y D V A A G P H S A
Q O M I K E T R O U T L R O C
U P I N O Y L K Y L W W I N C
I Y K J K W U D F F Z V G Q T
R Q C H A D U O A V G V M T H
```

Derek Jeter

Joe DiMaggio

Mike Trout

Hank Aaron

Lou Gehrig

US Baseball Stars 4

Nolan Ryan

Albert Pujols

Yogi Berra

Alex Rodriguez

US Football Teams 1

```
Y O K X R R R S Q C I U S F M
H S L F S A T F L C E W K R Q
R P H D I D P B O L N L W X F
E N B D J T R Y H Q U E A Y F
Q Z E O J O D M K R P B H Y E
Q R L D L H A J P P J O A G R
S T O I R T A P Y Y W O E W G
V E S G E G L Q A J V N S C D
H J E F U R V Q J A G Q Y A P
U O N U E W H T K P Z Y K U A
Z X Z H L H A O E X Q K P K C
V F K L V D M C N U X L V I K
J Z J W N K E B I T F V E T E
I V W F Y J Q T V U P U I F R
H M D D K C Y D B S P P A T S
```

Packers

Raiders

Patriots

Bulls

Seahawks

US Football Teams 2

```
Q V F G Q Y N N D L K K F S I
O H I J V H E Y L T S E R B L
K B A Y G W U U A N F E P Q F
W T S K M W Z A M O E V W C B
C P V G I T M Q W N I B L M T
P O Q I Q F Q Y A F H P Q B D
P U M S T F Y C B P C L W W B
W T G M G G C F E Q F G A B E
Y N X B A U B R O N C O S K A
O Y Z N B N D C B E Y F E E R
T P F A S P D P Q Y S Z P G S
T P W F A Q H E K N Z W S X K
A C V F F F D U R G T T Q M F
U G P R E W Y T D S I D F Z Q
Z G N D S Y J Q P G S V T T B
```

Chiefs

Buccaneers

Broncos

Commanders

Bears

US Football Teams 3

```
P A N T H E R S T A R S C V W
P J G Q H T X E X I R C J E N
F V O N P T U G R E T Y G Y K
B E Y S M R K G G K Z A T W A
Q J F L I A O R L C T F N V Q
P A X Z K E A J S W C I W S L
R K H H Z H E S G S M V I D Z
J R X L C G T A N Z T G O B S
Y K P L R T X I I P N N G J Z
Y X C D K T S Y K W A G A V C
D L M J E J I R I S A L G I G
G D J A A T M S V T R P L U G
I G V D L R A L X R Z G U A H
Y H E K R H B J W L B A J K E
H J Y F J Z L W U G G A C N J
```

Giants

Vikings

Chargers

Panthers

Titans

73

US Football Teams 4

```
T S N C O M E B D G Z U D F R
L N K N E G I B I M X X L W Y
V A E G C I I L G N G Z B L D
G X F N R G A M C L X F D K Z
P E T W D A S Z K P E A V Z D
E T J Q R R M Q D F B L E U M
K N W B A C O S E B U C Q C C
G Q D U I Q I J S F B O C X Y
S R G X E W K D Y K O N I Y Y
S A E F H X A Z I Y Q S I C X
J F C Z S K E W A T N F P Y X
B Z V D J K Y J E A I T I D N
C O W B O Y S K T V C K C W F
J B D A H Z U T K K D V X B A
M M Y V Q J S R Y I M Y V Q M
```

Texans

Jaguars

Cowboys

Rams

Falcons

US Football Teams 5

```
U B Y F V U L G T M M P A M G
S M R E Q O Y G C U K J R V R
I P O U P K A K D W S F X O S
B F F B B D B Z S T Z O P V U
Z R C C S E P D F S B A Q V F
D Z R O N Y S X F C X J V H L
L H P G B S F N V P S Q S L S
E Z A X G T U L I H S E N K R
R L P K Z S T Q P H L S K I E
S W R G Y X B S S G P G P E L
N S B Q J K L G A A X L R D E
P M V F B V U E O J B B O J E
D Y O M Z X V C Z M L N F D T
Q L A L Q M Y N J L S J U X S
G J P V M N J S N W O R B A W
```

Bengals

Browns

Dolphins

Steelers

Eagles

US Soccer Teams 1

```
S C F T U C G S Z F Z F T G G
Y R R I P T A N A F T I G W T
Q U A J R F L H N W M Q K F Q
F H F T E E A W I B G Y D U V
P U R K S G X C E C B M O O C
Y D R L K D Y R B U J Q F J D
O I R U H R E G C P O A A A O
A X L H V I N R Y L K W Y C X
C Q H E T E F X W G K B D R I
T V J N L S A B K T Y A E X U
K S L L U B D E R Q A Z S E A
W L X T I S D C U K W I Q W D
R E C Y U Y A I A U Z T D F C
Y Q P S J J C E R W A T M Y M
S U W J X Z B O W C B I V T G
```

Fire

Galaxy

Timber

Red Bulls

Red Stars

US Soccer Teams 2

```
U B F G A S Z T C C B S K R T
Y M Z R U P O Q R M G K I P S
G E Y P T O W M M T U C C U J
P D G D B V D L S U I E K I N
Y O V R R I Y K O O P N E J L
Y A R E Y N I T U M C H R T Y
G T I F L B Y M S G R G S E Y
M G D N G P L D X F R U E W I
N P W F T C L H W O Q O T P I
Y G P C Q A V X O R J R B T N
P F I U F O U Q U I T Q V L T
E V F I E F O H T J J J E E Q
L E Y X R A D M C C G Z W K V
M W D F O E N G G V V W A O Z
F U N R Y O X H S O G J G C L
```

Kickers

Reign

Mutiny

Cosmos

Roughnecks

US Tennis Stars 1

Agassi

Sampras

Davenport

Capriati

Ashe

US Tennis Stars 2

```
C B S Y P V Y R U X R X X N I
H O Q M E V O A Z Q S O C J N
J H U T A D N D I G A Z S H V
G V H R D I F F I Y V S Z Z G
J F Q I I P L G V O P S U G L
L Q C E K E K L U D C O V F L
X K V B B K R M I B B D T M I
B P E L D J S U L W L Z Q M U
Q B W E G N A H C X K D O K Z
X P T N A H W G N D J T K F C
G C B D U L W C U U O G M N D
D Y D L L Z O I L L B U M T Y
Z O U W R C F J E F U O F X K
W Q P M H D L V M C U Q X B I
B I V X I Z R L N U X E K J G
```

Courier

Lendl

Roddick

Chang

Williams

US Tennis Stars 3

```
N A V R A T I L O V A N P Z S
H F I K X H J U U G N S F U C
R X L W O Z N W S C I M E M P
P V I V R M N W Z F N E N U D
H Y D E K G O B D J F M G F S
C B N N Z O Z C X Y X F H B Q
B S L F W J V E M Z E O J E F
I D H A T U Q F J D D U M I Q
Q X A A K R D G E T Y R Y X H
D X B M T E G O O T H R Z A B
T P W G Q K S G R Q W E I I E
G O I Z T F P S N M K E G T G
P A N M I O B P E K D B H R N
G V N U U H Z S C F N N V V E
C Y Q F Q J O D M X J V J A D
```

McEnroe

Isner

Navratilova

Blake

US Tennis Stars 4

```
F X U A N L C N H Y B A S O D
F N K O Z O S E O K H F H J V
N R R B N C M D U C E Y Z N F
U I K N X K R L U I T C N M I
G S O Z F G F I O S J G Q X C
Q R K U P P K T O Q R F S S W
S G D R W B X R O X P J Y Y C
S J Z U X P M S J A C A R D A
E O F A I T J G X A Y V K D X
K A O J L O S F R X U B M E W
B C D W I M L P Z Y E K I R B
D U O D J P M M D W C N H G O
S T P S H Z F J L G O T D J N
B P O D O N O O T K N W N S Q
E N X B S Q D S D K O P O Z X
```

Connors

Tiafoe

Sock

Tilden

Giron

United State Territories

Guam

Puerto Rico

US Virgin Islands

American Samoa

State Landmarks – Alabama

```
L K S K N P L D P D U B U O S
T J A W O O V R O S A R A U E
H Z C D W X T O N L M N P S I
C W F G K V W R J O A Q V P J
Z S T R P S S W A X B D P S D
Q V R X E U H H W B A M Y E Q
Z O J N K I L T C C L N K G C
B C I Q K K L Q I Y A T S Z G
N A A B C D C T Q R S F W C Z
G J E T A K K C P Y S E N F D
F O R T M O R G A N U Y V W F
Z S F G V F Q Y W K T P K B N
T M Z F T K L I Z D D I A F I
E A L O C I H C A L A P A S U
O J D Y G V V R N V Y U Y I Z
```

Apalachicola (Fort)

Barton (Hall)

USS Alabama

Gaineswood

Fort Morgan

State Landmarks – Alaska

Kayak (Island)

Abercrombie (Fort)

Adak (Army Base)

Sitka

Katmia

State Landmarks – Delaware

```
O B Y U N J S J A J E A L N F
T D G P N Q L D S K G D E D A
V L E B L G I C P O L O K A D
M J T S L M X Z E F O A C Z F
Q V M V S G P P N E D U Y D P
D E L A W A R E D W L T N V O
D A Q Y P Q S M A Y B N R X Q
Z P W Q B E W H L S J U A I M
C U H M L N Z K E C Y L M B A
D L D I U M L Z H B B I L Q F
D R M F S G Y Z G K K N A E Q
X B L T M G D O K R G P K T V
J U Y C U A L M S G P H W P T
O D W G A T W T Z J R X F J L
J J O I W Q O V I I W P J A J
```

Kalmar Nyckel

Fort Miles

Fort Delaware

Odessa

Aspendale

State Landmarks – Arizona

```
H Y N H G F U A A K C Z H X S
U E O U T P H Y F S H O T F N
F L Y C T S R K T Z R M Q K U
R L N T A Z T K X S K Q C J I
G A A S E H S N E H O O S C C
X V C B T V C S L O R A B Q F
R T E Q F L H W D L I U W T D
H N P A N O Y N A C D N A R G
Z E O N E N X R A L E M L Q G
T M L B E U D T L P H M A E U
A U E O K E X X N M V O Y P R
D N T J H G T G O Z U Y W H M
D O N T B H A N K H T X W B G
E M A Z E G G L M X N D I V Z
Q C R X M L Z X N A J E P O I
```

Horseshoe Bend

Grand Canyon

Monument Valley

Cathedral Rock

Antelope Canyon

State Landmarks – Illinois

```
J A X C T F F A Y H C M I D C
O W H E G Z D K P U U U R R O
L S I R B E A N Y E K A E U U
I Z Y L P Q Z X S R J T I M T
C A I W L O Q U M N R W P L M
S G C H J I M B Z K Z S Y I E
A F F W W D S D B J C Y V N O
H D N Y L R Q T Q N G G A S J
V Y Q E C L W S O J S W N Z U
Z C I M U Z N Q G W S X Y G V
Z F J G X D F Q H N E Y L X I
H L G K K F V G D R A R Y Q C
F A A L O C L B R B Y C X E V
D X W C A Z H W Y B A V K P F
E D A G Q H A H U C U S X S M
```

Navy Pier

Field Museum

The Bean

Willis Tower

Drumlins

State Landmarks – Arkansas

Hot Springs

Magic Springs

Little Rock

Thorncrown

Blanchard

State Landmarks – Georgia

```
Q S A R B E T R A J S T P J H
Z W T K T P W L X N R D U R A
O G C O F C O B P M B R O Z T
U C M U N C E N T E N N I A L
U B C X A E G Y J K D O G D O
R U X C O U M O P C W K M L K
H Y O Z H E T O U R M W M B E
A C P M O V A W U G V O U R F
N Y C Q J Q A H F N D U A W E
N E U E J M C L W O T F C Y N
A M B H C H V B Z G G A N D O
V Y B C O O I H J L C I I W K
A F G L N J O A V D K V V N E
S M K A M O N C M O S B W S E
W L I B X Y T N D O G Z M A M
```

Savannah

Coca Cola

Centennial

Stone Mountain

Okefenokee

State Landmarks – Florida

```
Q D N B Z C U B F W P Q Z D J
O I R F C Y Y W H C C J Q L V
O S Q F R P O B W S P G O K X
T N H E E U Z J O K B B Z Q Y
N E L D E U Y U J A U M V E I
W Y P G D B T X A V X W G L Q
T L D V H H O Y A P X Q K T L
U A T B B O X H W O G B U S R
H N B E W D T D C I T V R A D
A D A T O C P E G E R S S C O
E C E Q B N M G U O E F F L H
H B Q X H A T W A S A K M A W
J V U D U S N W K X K B O R V
W U A O I I Q A E N M H H O T
Z A L X I R A I S T T L M C Q
```

Disneyland

South Beach

Epcot

Okeechobee

Coral Castle

State Landmarks – California

```
E T I M E S O Y I P X P J X Y
D K M R L M I Q S K U E G S X
D O E E H V X B S Y L T N X W
S E O I I D I S N E Y L A N D
R T A W K N P F W M P H S K C
C N W T Y W P W I I Q L M G E
A Y U S H L Q P F O H V G T C
W P A W Z V L C N S I V A Y U
F Y B U A K A O A R Y G O I U
S T G G R J J L H U N R U K J
I C V E T O W K L E K Y R W G
Y R B I A S X D D E R U V E B
W V B I C I G L F S Y A B V U
L G X D L X O A I O B R X L F
R T Q P A G L H Q B O G P G X
```

Yosemite

Hollywood

Alcatraz

Golden Gate

Disneyland

Death Valley

State Landmarks – New Mexico

Carlsbad (Cavern)

Cerro (Grande)

Shiprock

Messila (Plaza)

Bandelier

State Landmarks – New York

```
O U M S K I B H P P M X P U P
U C Q P G U R O V H U A J H V
N K U Y A Z O O X T E I X G I
U G A L V N A M W T S U C I L
A T Z A U O D X R X U C Z L R
D I N J J S W O O J M F C Y J
R A P E B Q A H E X L F H F S
I P M K N S Y O X N A V W Y T
U B R O O K L Y N B R I D G E
E R A U Q S S E M I T E W W R
M N Z R A O B Q D I N Y M U I
C H L P V G P Q Y C E P J S G
B N G X W V E J E P C Y G J Q
Q Z D D R B D T P K S F B Z R
D D K C B T C D V G Y E M L A
```

Central Museum

Brooklyn Bridge

Oculus

Broadway

Times Square

State Landmarks – Texas

Alamo

Big Tex

Big Bend (National Park)

Space Center

Marfa Prada

Reunion (Tower)

State Landmarks – Nevada

```
G M U W S X K S T R I P C R N
Z Q L B C C H A G W P D H V O
D M N E O I C J U C K A U R Y
H N Y R O D S H V D P S R J N
A W D O B S I M U A L G C Q A
J E S Z Q J T J K R L R H D C
R U T I M O S X G C C C I W D
H I I V J D L P E C Q O L O N
A O O K Y P W L G G H K L S A
J Y O L P Y B M G R K D D Y R
Q E U V O H F H G U F T A S G
C I H R E T Z T U K H Q K H Q
R Q Y V V R S I C T K E R V B
R Y K N R Q R G F T H G N J D
R C H W J J L J M W T A H D C
```

Grand Canyon

Red Rock Canyon

Strip (Las Vegas)

Hoover (Dam)

Churchill (Fort)

State Landmarks – Oregon

Grotto

Tilikum (Crossing)

Multnomah (Falls)

Astoria (Fort)

Alvord (Desert)

State Landmarks – Wyoming

```
F U B B S X K C S O W L K S H
V W K H W E E T J O O G H L L
Y E L L O W S T O N E I F U A
V T V H V T Q B P P M A F C R
N D F Y Y Z S A B G U H R R A
F I I X Y Q Y P R G T M D Z M
L A Y X T F C A R I C W U P I
R R X I W V N O A I T O Y F E
I I R G I D W F J K N T Y D P
D H Z H T C D P F U R G E Z S
M B T E W L C L M O P Y M B W
Y Z T F O I A R C F G E B T H
O O K H K G W Z R M K R P B H
N E X U H A Q K X B Z E P I R
X J H J N K C Z K O J M D Y L
```

Old Faithful

Yellowstone (National Park)

Hot Spring (State Park)

Laramie (Fort)

Grand Teton (National Park)

State Landmarks – New Hampshire

USS Albacore

Kancamagus Highway

Flume Gorge

Joy Farm

Mount Washington

State Landmarks – Hawaii

```
K E X W N I V U Y S W O Q D U
W K J S U W Y W Q S Y T A I N
F F H A E M X P X Q J M C A Y
T L M Q H O H G Y E H E B M G
B K H F F A N Z N W R Z K O M
D U E C N D H A Z Y Y H H N F
W V U A V D S J C E V H Y D O
I O U A E M I A W L H G V H P
F M C U J H C S S L O T P E Z
A N J F K F C T U A Y V J A X
T V T E V V X G L V E J G D I
L X O I T Q V G M O V J Z Q P
I H N Q C R H L G A O I R P Y
B B I J S Y Z U X I M I S X Q
I E Z S L B O T B D D X U U Y
```

Diamond Head

Hanauma (Bay)

Waimea (Canyon)

Volcanoes (National Park)

Iao Valley (State Park)

Maui

State Landmarks – Idaho

Yellowstone (National Park)

Sawtooth (Wilderness)

Lucky Peak (National Park)

Nez Perce (National Park)

Shoshone (National Park)

State Landmarks – Virginia

```
H X B Y J Y U O E S B V Z E Q
N A G L K F Q T L S R G J U F
B Z O M U F D L H Y M Z N N L
G C I D F E A A F Q M L I R L
B S X E N F R W W L A M X M U
K Y L C T A M I C W V K E E T
K O S A N M N M D B G S L P G
B Z E T W X W E E G I I G Q Y
N R O B O I N W H L E L O B E
G A S T T D Q K P S S L K Z F
C H G H K S A Y J T O A P G D
B V L O R J A M E S T O W N E
I T C J O Q B C M K B B D Z I
I D O X Y R U H M E M G U L A
K B B Y N I X I C T L B C L P
```

Shenandoah (National Park)

Yorktown (Battlefield)

Great Falls (National Park)

Jamestowne (National Park)

Blue Ridge (Parkway)

State Landmarks – North Carolina

Smoky Mountains (National Park)

Wright Brothers (National Museum)

Appalachian (Scenic National Trials)

Cape Lookout (National Seashore)

Blue Ridge (Parkwy)

State Landmarks – South Carolina

```
B E C Q H L P E J E G G N J G
D B W F Y L E M Y Z H V I T O
R T V I U R Y N D S Z A N V M
O A Z R A C O W P E N S E I J
Q Y F G F T U Z H K D R T G W
S P N J X O J Y X Q M R Y E E
X O K O M H R S Q O A Y S B U
C B T A U X D T U M T Q I P L
M T L F T V X N S N K R X Q V
R F T O J C T B A U I P Z X A
S X V W V A I O Q Y M I R P N
J Q F S I H Z D Q D R T X X J
N E W N X O G V D A R P E S C
W Y I X K D H I E S P V R R Q
F E N R H Z T X Y Y V Y I W R
```

Congaree (National Park)

Cowpens (National Battlefield)

Fort Sumter

Ninety Six

Overmountain (Victory Trial)

State Landmarks – Iowa

Ledges (State Park)

Effigy (Mounds National Park)

Backbone (State Park)

Neal Smith (Wildlife Refuge)

Des Moines

State Landmarks – Mississippi

Tupelo (Automobile Museum)

Beauvoir (Tour)

Grammy (Museum)

Clear Springs (Lake)

Beloxi (Beach)

State Landmarks - Colorado

```
C G R J N R R L Y D L K C P B
O H Z O I N U E X Z C A H B B
L T U I A Z C Z Q U V L X Y E
O W F E T S T G J N G B K G A
R T E V N S M O X I G K S P E
A O L I U M N O D I E I K K B
D D V T O T L Y U T M R P A I
O W O N M E P P X E A S W I E
S V C A Y K I M S P M W M Y X
P D C N K A E A S G Q R C H O
R Q Q Q C A V E V H N L R H G
I I U Q O E T L G U P Y S R V
N C Q N R S E V E N F A L L S
G H J D E K G Q K X U U B V A
S E E G C S Z C W V F Y T Z Y
```

Rocky Mountain

Estes Park

Seven Falls

Colorado Springs

Mesa Verde

State Landmarks – Connecticut

```
I M G P D Q V I W I T S Y G Q
Z Y S A N X L V F K N R I P F
P S C F D T P R D H R L O E S
C T I B L Z T A O J L C D V A
F I C V Q Q R U V E K A O C Y
J C M O Y H Y D T U X F T Y T
V Y C O T J X T N U N G P N P
K O K U X Z E M H A G N X G C
B P P C Z C A G Z R L J R R O
M G C J A O G Y C L I E V K L
V J S S U I L I T U A N S S U
R Z T Q W B C X I Z R U B O J
L L V E G H Y J I N C D S R R
E F H O I E H K G H S L H D J
P K P C H Q E A F N W C P R R
```

Mystic

Gillette Castle

Wadsworth Atheneum

USS Nautilius

Roseland (Cottage)

State Landmarks – Ohio

Cedar Point

Amish Country

Hocking Hills

Fountain Square

State Landmarks – Oregon

```
C A C A L E S L K M J F G Q Z
M R I O U M G G L O J C M X H
F Y A R Q M G C V U Z A W C V
Y B J T O G Z E C N X R A U V
A Y W X E T P I L T G N E C B
N X B I C R S U S H N W E V L
F S S J I S L A Y O U V J R P
A V G E X G T A N O O U F K V
V D R Y Z W H B K D B D V W O
J H S V C K E J N E A N A X B
I Z S E K A L E D A C S A C F
K X I Y C P G Y D X Q H O I V
M G A H H A X V K V B O V O L
O B C S D W J A P C O H D K S
D V E L E S X V C Y Q K P B I
```

Crater Lake (National Park)

Mount Hood

Cannon Beach

Cascade Lakes

Astoria

State Landmarks – Virginia

Appalachian (Trails)

Wild Ponies

Virginia Beach

Shenandoah (National Park)

Busch (Gardens)

State Landmarks – Kansas

```
U L M N N J K J F C R C A G R
L H R K P E D O V O R T A R W
P Y U K M Z R X Y P D Z L O E
E H W I S T T E O T Y I R B A
C R N T S X C F R N I Y V S F
G U E C I N G O Q T N U T D I
D O O H E M U E S U M Z O N J
B T R R P F T V J P Y L P I A
T B W R Z S T K E E O B Y L O
N A G O G Y O L X I P D S H R
L Z D P N I D M M D H Z A M Y
P K J C S T D Q S D U F Z G I
M H R G I D G Q K O R Q D V K
C S D F P P L F X V C X X C Q
S G J O P T F U W B B W Z L X
```

Fort Scott (National Historic Site)

Oz Museum

Cosmosphere

Lindsborg

Lawrence

State Landmarks – Kentucky

```
K B N I Z X V T D S T Y J M S
L E N Y W B F Q Z R Q N W A L
I L E O P T H C E E X F D M P
D P W N B D O O Y D P P O M M
R E Z K E I O M X N Q R Q O K
W U V Z S L N F N A H M L T I
L R X W W Q A B E S W T P H P
B L J C H E Y N R D G I Z C R
P K S M F K L U D N R K S A L
A P V O L T X W M A K P P V W
W H K C O H B J C L R J E E L
S L L A F D N A L R E B M U C
W K T S T A T E C A P I T O L
Q R L Y C J V M F H O A E C T
M A N X E N B Y N P P N F P U
```

Mammoth Cave (National Park)

Cumberland (Falls)

Harland Sanders (Café)

State Capitol

Keeneland

State Landmarks – Maine

```
T C C H C K N M T J S Q H B R
P I K W Q L F F R Q A Y X E X
J E U C I Z D T O V T Z T S Y
I Z Z Q T K J Y P E L X N R Z
I C L G N Z O L K Y A O G V K
O V G F B U J M N B W H A J F
E B U D U N G T U J V R I H J
N W C A T G P O B F D N Z A R
A I D A C A R P E Y T D I I R
D P O F D T L G N Y N I A T N
G W R Z C A G P N T G U P H G
Z H E B C M Y B E P O K M Y F
E N M K E P D W K L D U D K F
N O W B V C R B O O T H B A Y
O L P R S K C V L D Q E F L E
```

Acadia (National Park)

Ogunquit (Beach)

Kennebunkport

Baxter (State Park)

Boothbay (Harbor)

State Landmarks - Maryland

Deep Creek (Lake Arena)

Chesapeake (National Park)

Ocean City (BoardWalk)

Six Flags

Assateague (National Park)

State Landmarks – New Hampshire

```
E C H Y U S L N D N H L M G Q
E M A V H S U O V B U O I M Z
K V M D T C Q G Z L N C X Q Z
U P P P I I F L A A N X O T N
A I T F F W N Z D M T F H T E
S S O U Y V J N F F A E K O J
E K N Q S T O J H E Q C Y B F
P F D W P C K A A G A W N R D
I G A L K U I O A D J J H A H
N B P S E V A C R A L O P Y K
N Z G S U W E B D M A U M U D
I B V U P U G U Q V S D R B V
W F T Y N E G K D V M L X J T
S H J B K C H X T I K H M X H
P F S X J E N T H H N P N G N
```

Hampton (Beach)

Monadnock (Mountain)

Polar Caves (Park)

Kancamagus (Highway)

Winnipesaukee (Lake)

Answers

US States 1

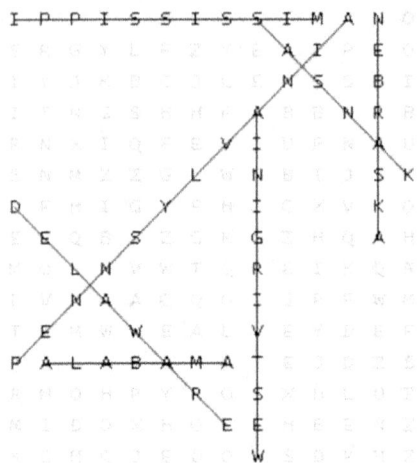

US States 2

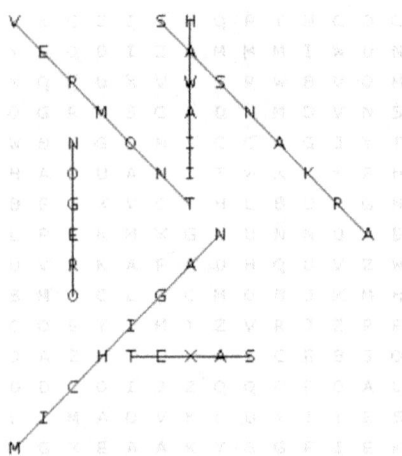

US States 3

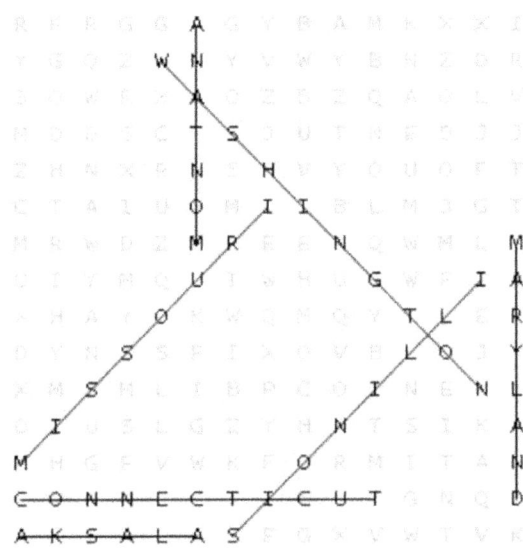

US States 4

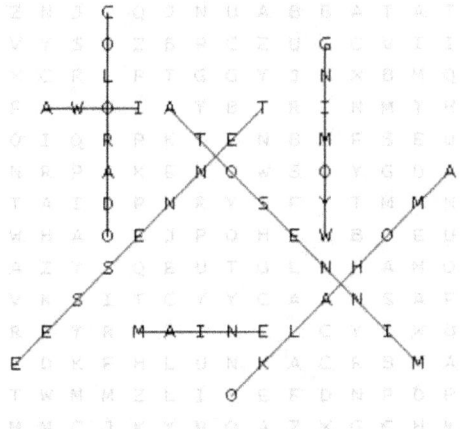

US States 5

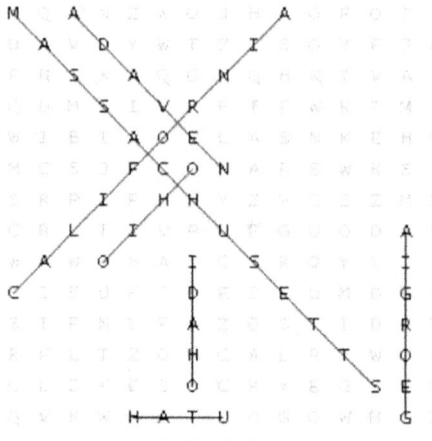

US Presidents 1

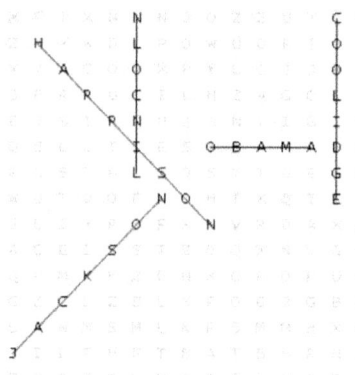

US Presidents 2

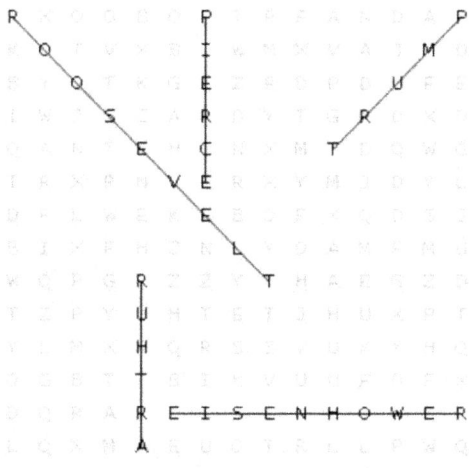

US Presidents 3

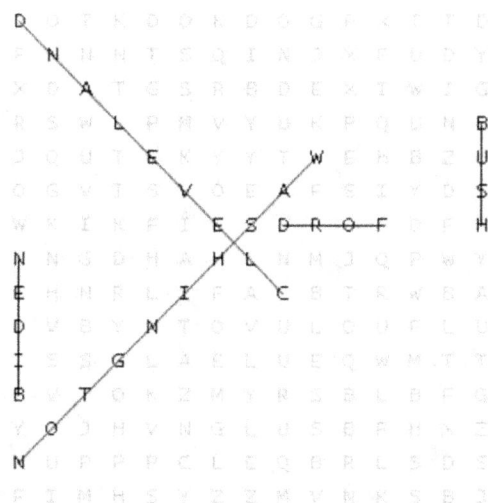

US Presidents 4

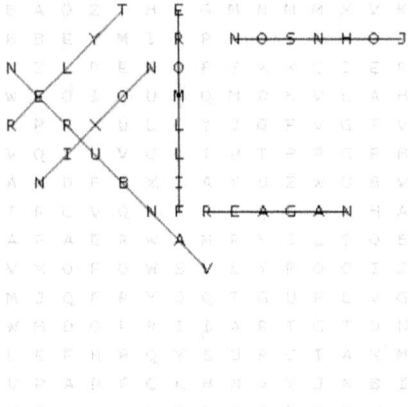

Misspellings– States

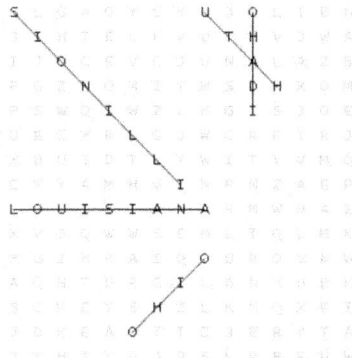

Misspellings – States

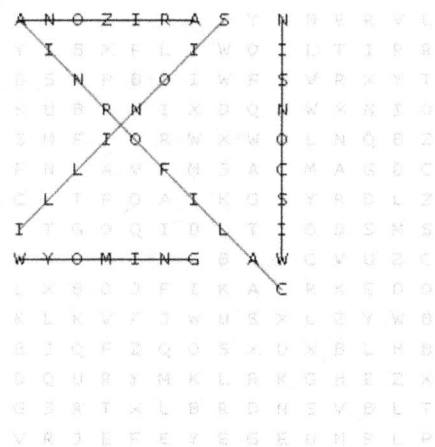

Misspellings – States

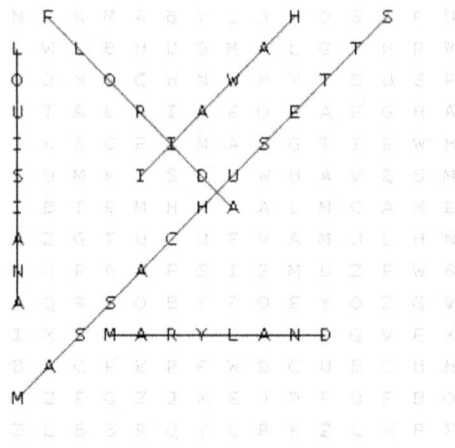

Misspellings – Presidents

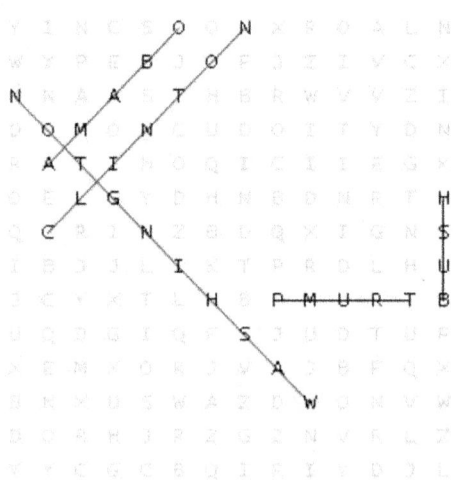

Misspellings – Presidents

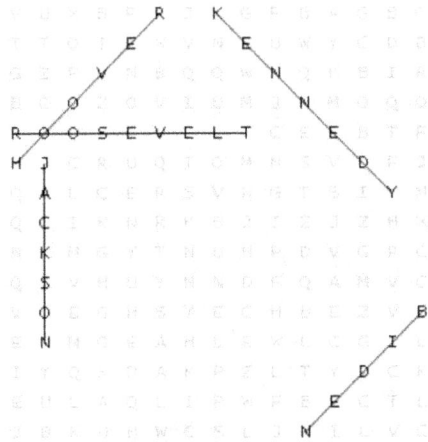

Misspellings – Landmarks

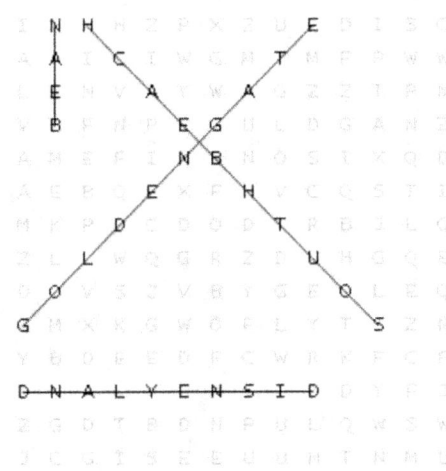

Misspellings – Cities

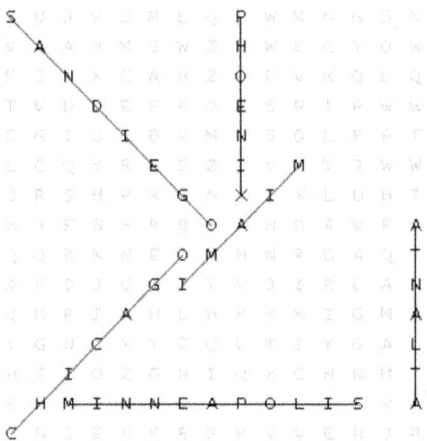

Misspellings – Cities

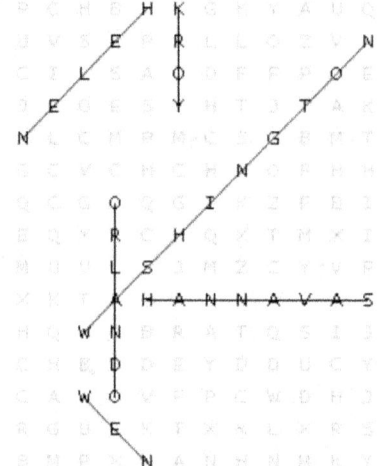

Misspellings – Cities

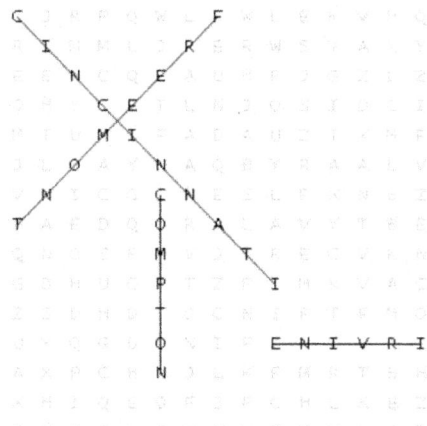

Misspellings – Cities

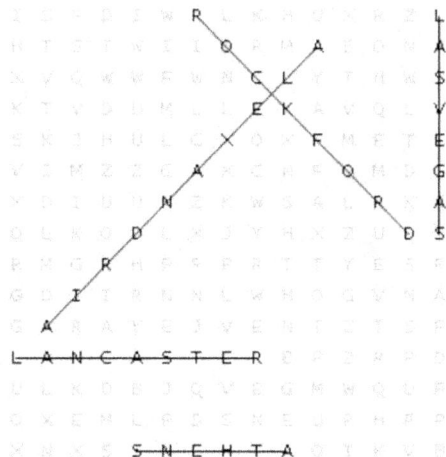

Misspellings – Cities

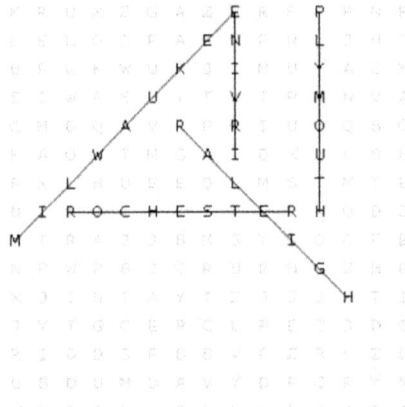

Cities that start with 'A'

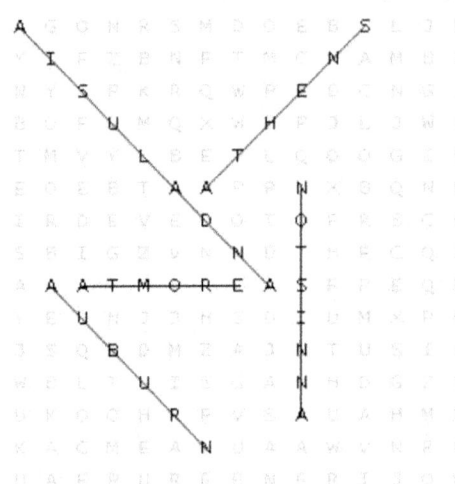

Cities that start with 'B'

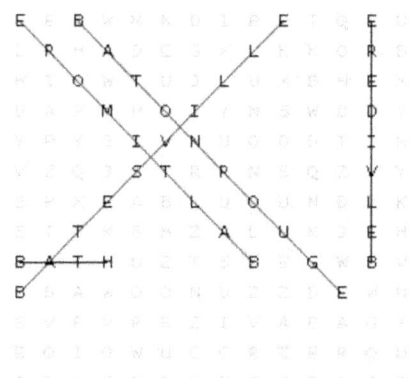

Cities that start with 'C'

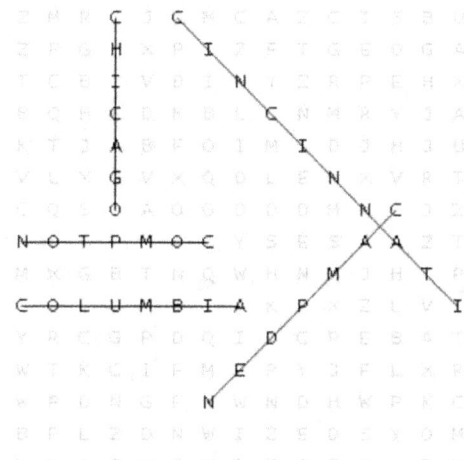

Cities that start with 'D'

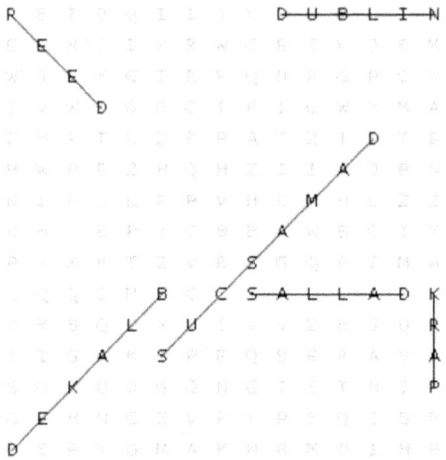

Cities that start with 'E'

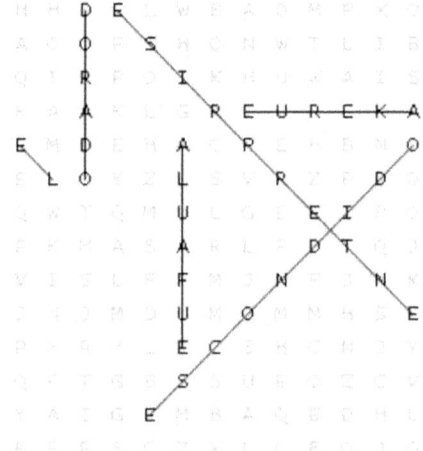

Cities that start with 'F'

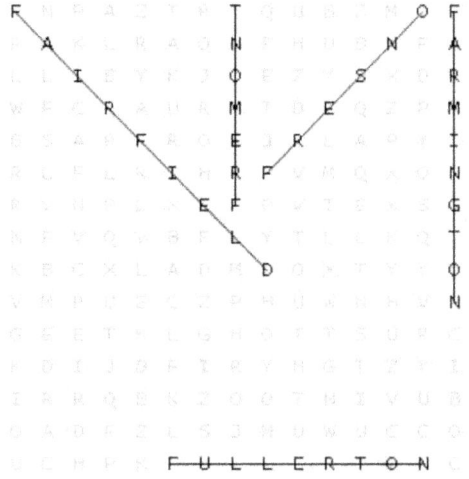

Cities that start with 'G'

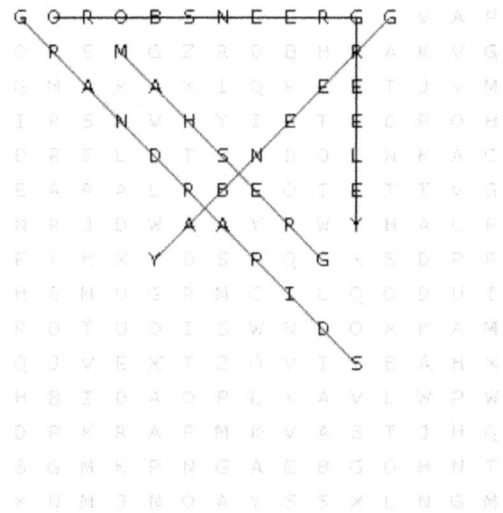

Cities that start with 'H'

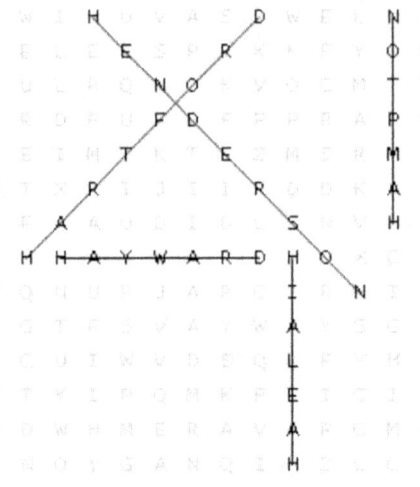

Cities that start with 'I'

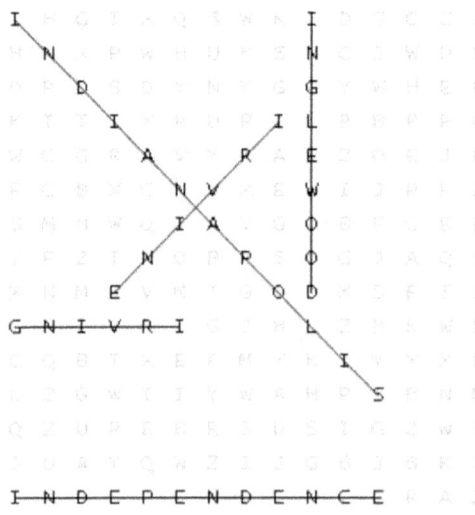

Cities that start with 'J'

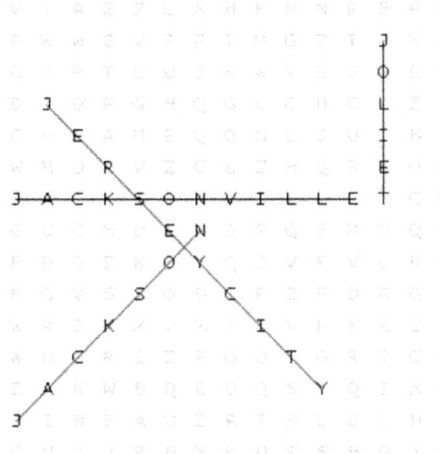

Cities that start with 'K'

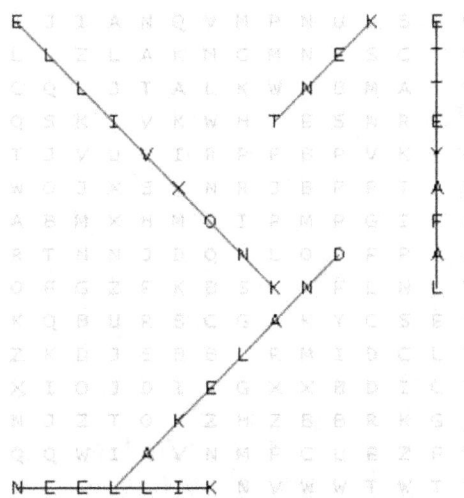

Cities that start with 'L'

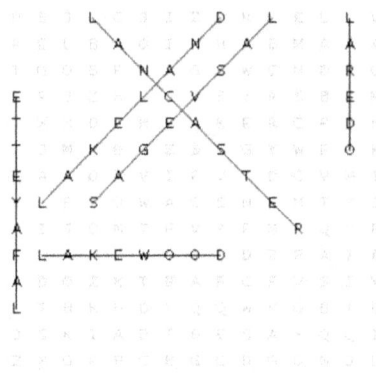

Cities that start with 'M'

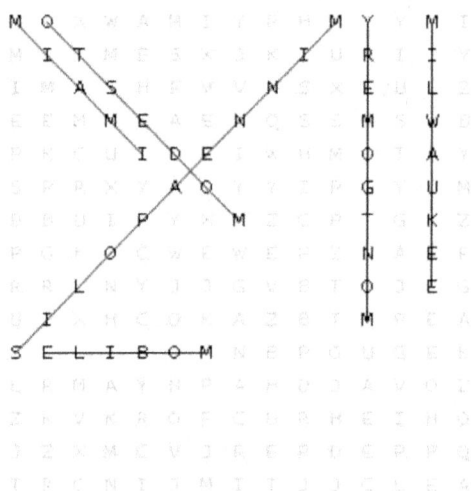

Cities that start with 'N'

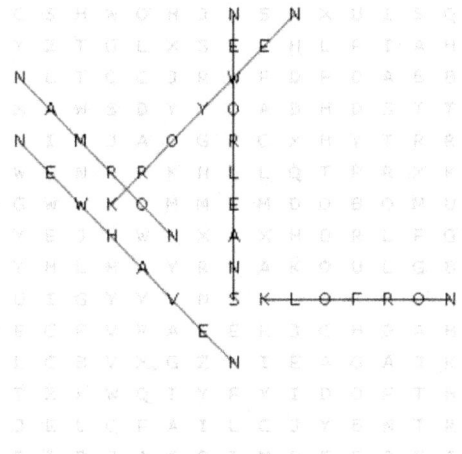

Cities that start with 'O'

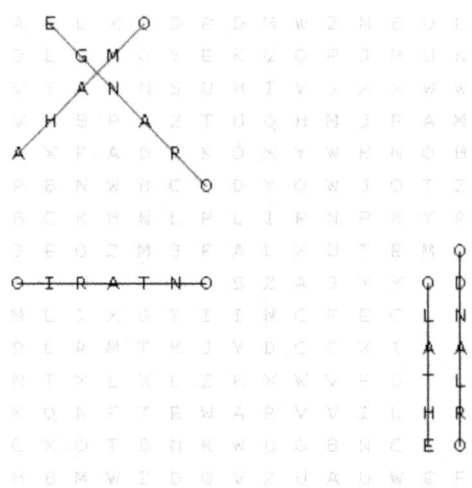

Cities that start with 'P'

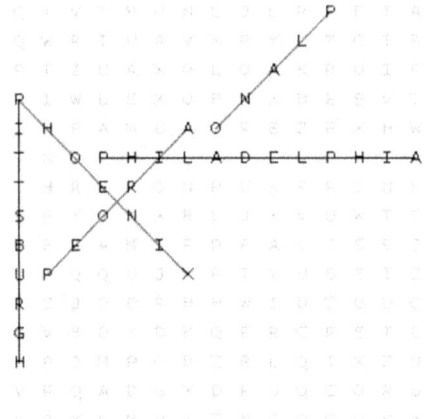

Cities that start with 'Q' and 'R'

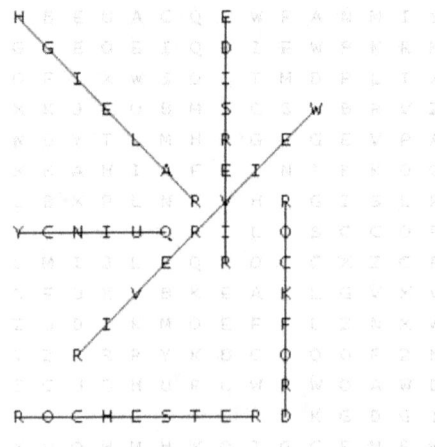

Cities that start with 'S'

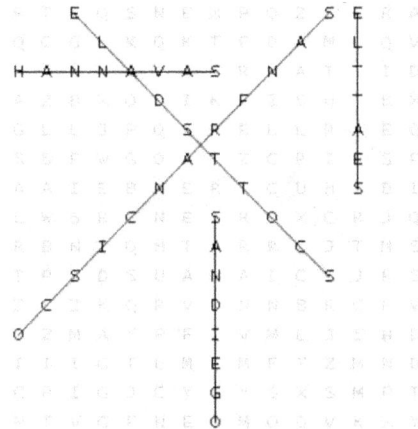

Cities that start with 'T'

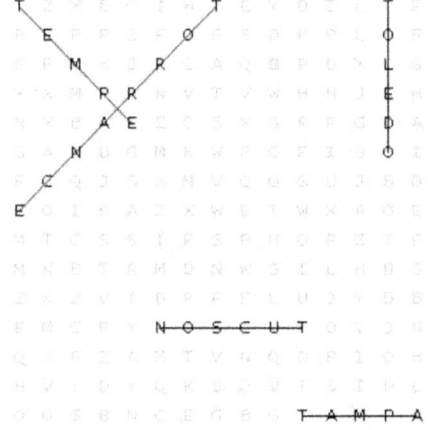

Cities that start with 'U' and 'V'

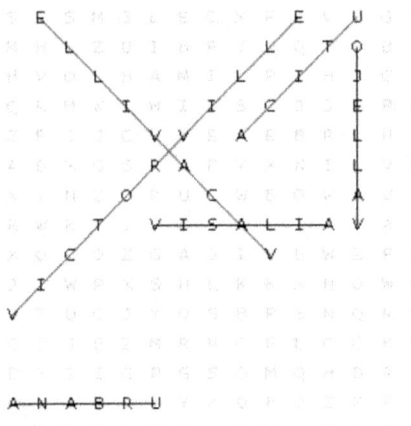

Cities that start with 'W'

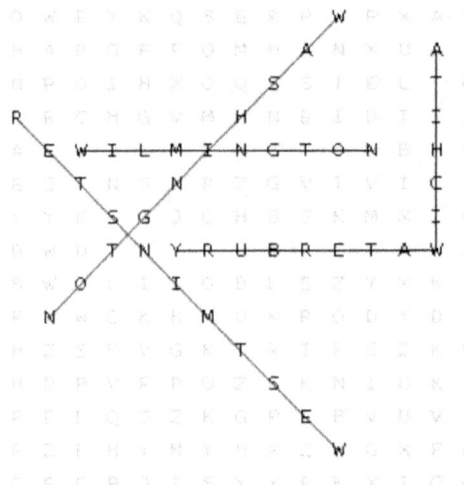

Cities that start with 'X', 'Y', 'Z'

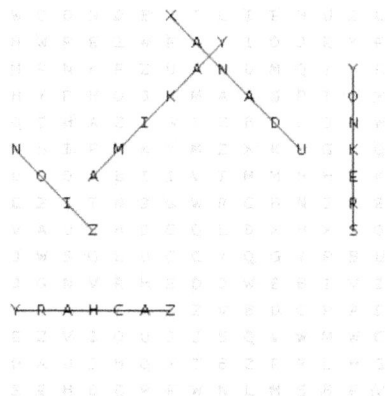

US Dates 1

9	9	0	1	8	6	8	1	9	7	0	4	2	0	2
3	6	3	0	4	1	9	2	2	3	2	1	2	0	2
3	1	6	0	7	1	0	6	2	3	5	4	1	2	2
9	7	3	6	0	4	9	9	4	5	9	1	8	0	3
4	8	5	9	8	6	6	3	2	9	0	9	4	7	7
5	0	3	8	9	2	5	8	7	6	9	1	5	2	5
3	5	5	5	6	1	2	5	1	9	6	9	8	9	1
0	1	3	7	8	7	7	3	2	1	6	6	1	6	0
2	4	0	7	4	3	9	7	7	7	7	8	4	1	0
2	6	1	1	6	2	4	9	3	7	1	5	9	8	5
5	3	5	5	7	5	8	1	4	2	0	6	6	4	1
2	9	3	8	2	7	2	2	0	8	5	3	4	6	9
4	7	1	6	8	1	6	7	4	8	2	9	2	5	3
4	9	4	7	4	9	1	7	1	3	5	3	4	5	0
2	1	8	3	0	2	2	1	7	5	2	3	1	8	7

US Dates 2

```
1 1 2 6 0 6 5 9 7 5 1 8 0 8 8
3 4 3 7 4 2 2 9 2 7 5 3 4 1 0
0 7 7 3 3 4 9 1 8 5 1 7 6 7 3
2 9 2 5 5 5 0 6 8 7 4 6 8 7 2
1 7 9 3 3 6 7 9 0 1 2 1 1 0 6
3 3 2 1 6 0 4 0 6 9 5 8 1 5 9
0 1 1 9 4 6 8 2 6 9 6 1 8 6 0
6 5 3 5 1 2 2 0 5 2 0 5 5 2 6
1 1 0 1 7 9 2 4 3 9 2 9 4 5 6
8 8 9 8 6 2 1 5 3 8 6 1 0 6 4
4 2 5 8 8 6 1 9 3 0 4 2 4 2 5
8 4 3 4 3 4 9 6 6 1 9 1 2 6 7
7 0 5 8 8 3 7 1 4 9 8 5 5 5 1
4 3 0 9 3 5 2 4 8 8 4 6 9 6 0
0 3 8 0 9 6 2 1 4 3 2 6 4 5 8
```

US Dates 3

US Dates 4

```
7 5 0 0 6 9 6 8 3 2 8 0 9 8 3
2 4 2 9 9 9 1 7 1 5 0 5 6 4 9
0 4 1 3 8 0 5 9 0 8 1 5 3 9 3
4 2 1 9 8 1 3 7 9 1 9 4 1 6 7
6 4 2 9 6 6 7 2 1 9 2 0 7 4 1
3 1 0 0 1 1 9 9 2 6 4 3 7 4 8
7 9 1 9 4 5 1 9 9 3 1 0 9 6 2
2 8 9 7 4 2 1 5 1 5 1 3 2 9 0
5 5 2 1 6 0 9 0 0 7 3 3 3 0 8
8 3 6 8 6 9 3 2 1 6 0 7 8 9 9
0 2 6 6 0 3 3 0 3 5 1 3 9 0 9
5 3 6 1 9 7 7 7 6 4 8 5 6 9 0
9 7 8 6 0 5 8 7 2 2 4 7 3 2 7
2 9 4 4 5 1 8 7 1 4 2 6 0 6 7
8 8 7 2 7 9 6 1 3 6 9 7 4 0 7
```

US Dates 5

```
8 6 6 5 8 1 8 7 1 4 2 4 8 0 9
4 1 2 9 7 1 4 6 6 2 9 6 0 3 4
4 9 1 1 3 5 3 7 7 7 7 4 4 2 9
2 5 2 5 3 9 6 7 1 8 5 1 8 0 3
2 0 5 7 2 6 3 9 9 1 7 6 8 2 9
6 5 9 2 8 8 6 6 5 8 2 0 3 1 3
7 0 6 0 6 3 2 2 4 0 6 3 3 1 0
0 4 7 4 0 1 0 7 2 9 2 9 6 1 6
1 9 5 6 6 6 3 9 1 7 3 5 7 5 6
7 9 0 4 0 6 1 1 2 7 5 7 6 3 1
9 9 1 5 5 0 9 6 3 7 3 3 7 5 7
5 0 8 3 2 4 4 1 7 0 6 1 3 4 6
3 4 2 5 0 0 5 7 1 8 8 6 9 8 5
0 6 1 3 3 7 4 0 8 3 0 1 4 6 3
2 9 3 2 4 8 5 1 6 8 8 3 5 2 7
```

US Dates 6

```
4 1 1 5 1 0 8 8 0 3 1 0 3 7 6
0 8 6 9 6 3 2 0 3 5 3 3 1 8 9
9 9 1 8 5 9 7 2 9 9 7 9 0 6 9
5 4 1 7 5 5 2 0 9 7 8 4 2 7 0
1 4 4 2 8 4 8 7 0 5 3 3 1 1 8
5 2 6 5 4 1 5 1 2 3 2 4 6 3 6
0 7 1 4 1 1 1 9 2 3 0 6 9 1 0
2 3 9 9 9 4 0 5 9 1 3 4 4 9 9
3 0 0 6 6 7 7 2 3 8 0 9 0 4 1
7 3 3 9 3 2 5 5 4 8 3 4 4 1 7
6 9 1 4 2 1 2 6 6 8 9 2 8 4 0
1 5 1 9 5 0 0 4 3 3 8 0 9 9 5
5 9 9 1 4 5 4 0 2 5 9 2 4 7 9
6 2 6 0 9 6 1 7 1 2 9 1 8 4 6
7 6 8 1 0 3 8 0 8 5 3 0 1 5 2
```

US Dates 7

```
1 1 8 1 7 4 7 0 1 4 9 0 6 2 0
1 9 7 4 9 9 1 7 5 4 0 8 3 5 0
3 6 7 3 3 8 6 5 6 6 4 7 3 3 3
3 9 6 3 3 1 9 8 8 1 6 0 9 4 4
6 5 6 3 5 0 9 1 8 1 5 1 6 2 9
2 2 9 5 5 6 0 9 7 1 6 6 7 7 2
5 7 4 0 3 1 7 8 1 2 3 5 2 1 1
6 1 7 1 5 7 0 6 0 9 3 3 5 4 8
3 2 6 5 7 0 4 6 4 7 8 5 2 5 8
6 9 2 0 8 6 9 2 0 0 3 0 1 9 5
4 9 9 5 6 8 7 0 0 8 4 6 2 8 4
7 1 8 0 9 3 3 7 1 4 1 6 1 6 9
0 2 0 3 2 8 9 1 4 9 9 7 3 6 5
3 3 1 3 4 3 2 4 6 5 3 2 4 7 4
0 6 0 0 4 4 2 1 8 9 4 7 8 4 8
```

US Dates 8

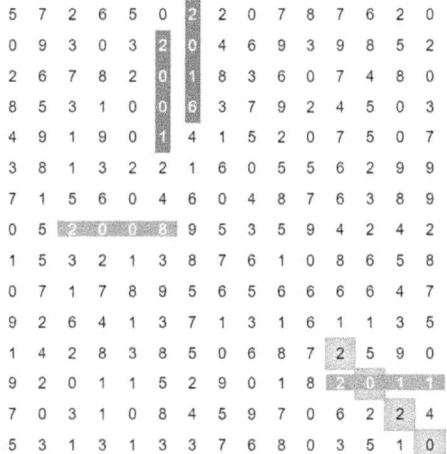

US Basketball Teams 1

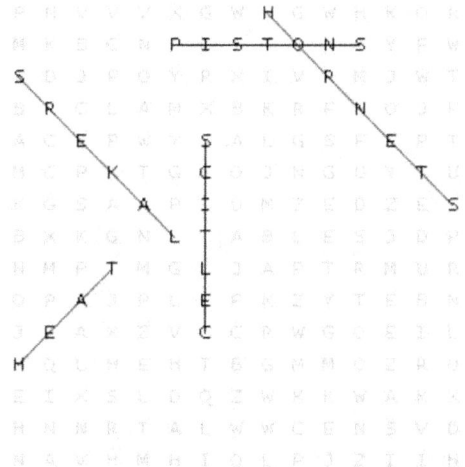

US Basketball Teams 2

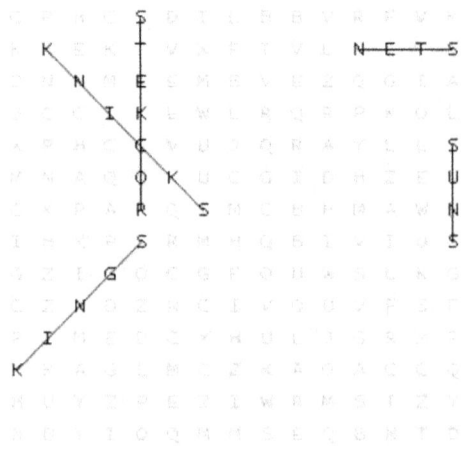

US Basketball Teams 3

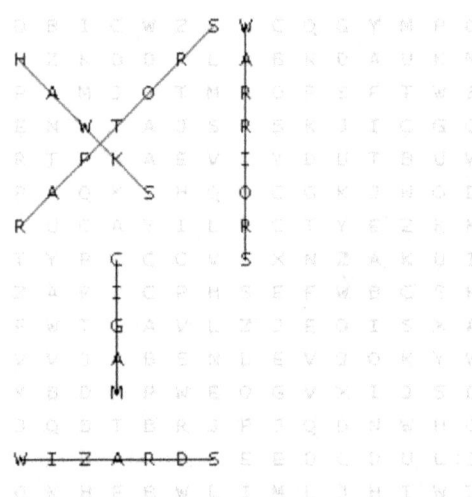

US Basketball Teams 4

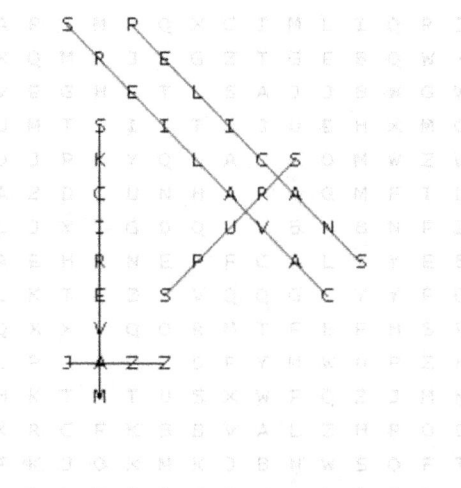

US Basketball Teams 5

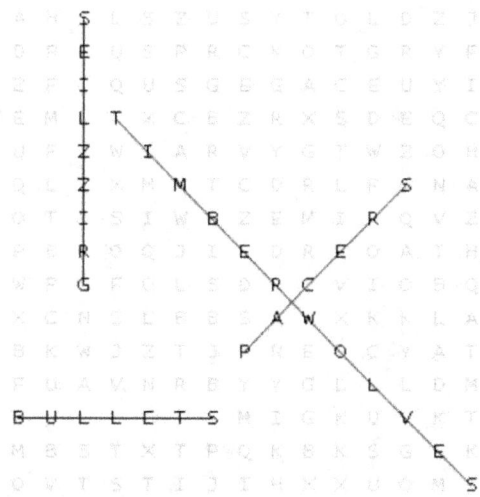

US Basketball Stars 1

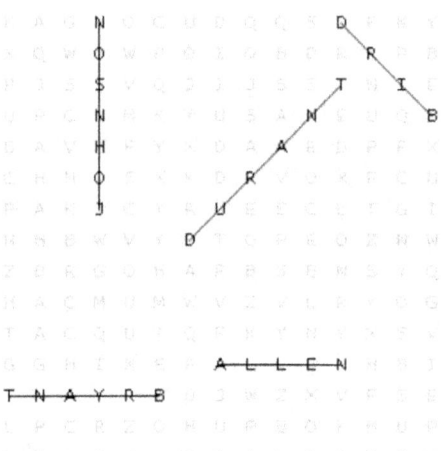

US Basketball Stars 2

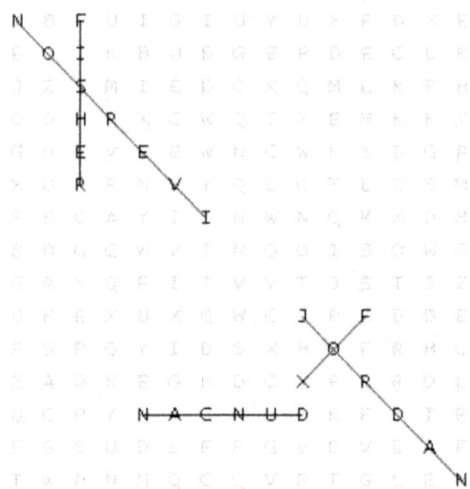

US Basketball Stars 3

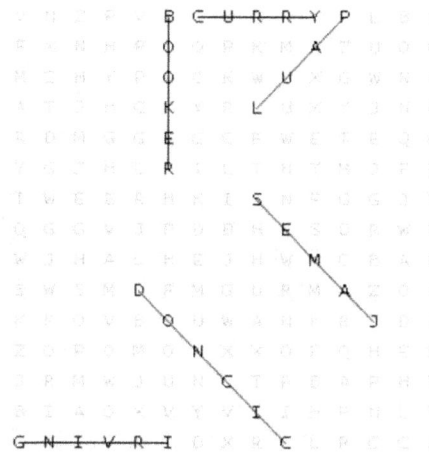

US Basketball Stars 4

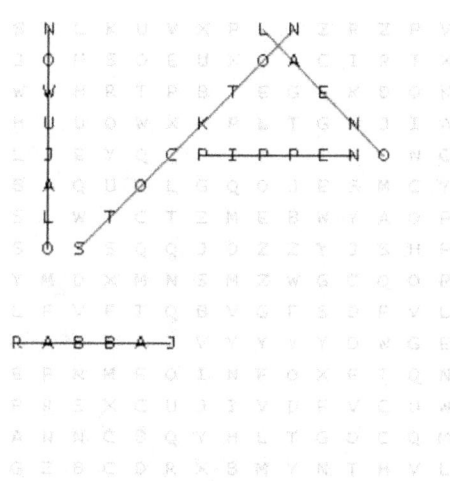

US Basketball Stars 5

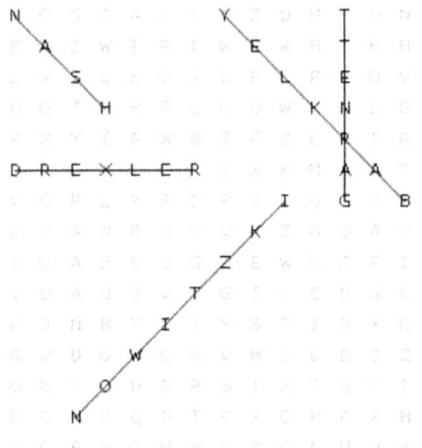

US Baseball Teams 1

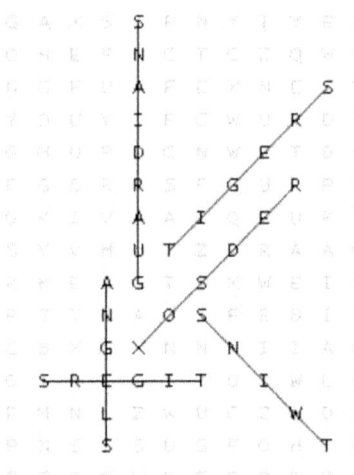

US Baseball Teams 2

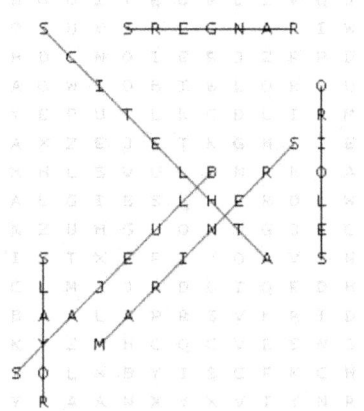

US Baseball Stars 1

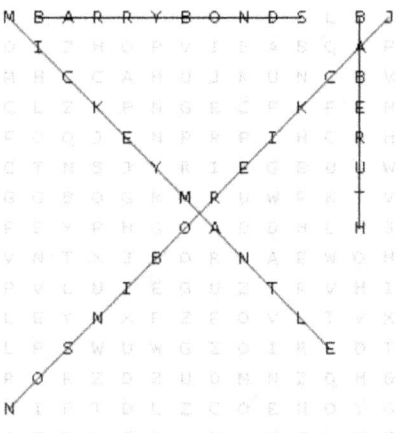

US Baseball Stars 2

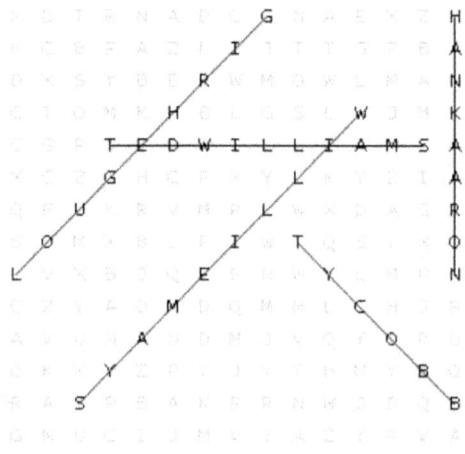

US Baseball Stars 3

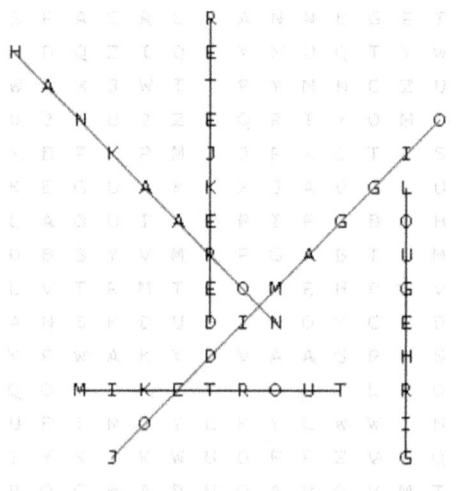

US Baseball Stars 4

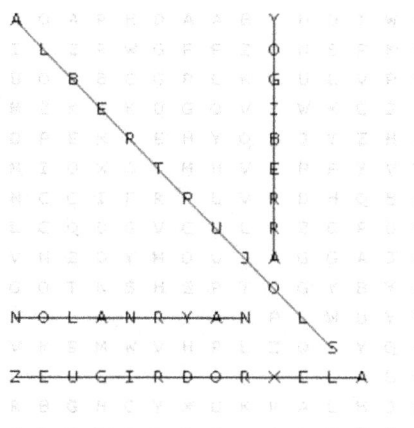

US Football Teams 1

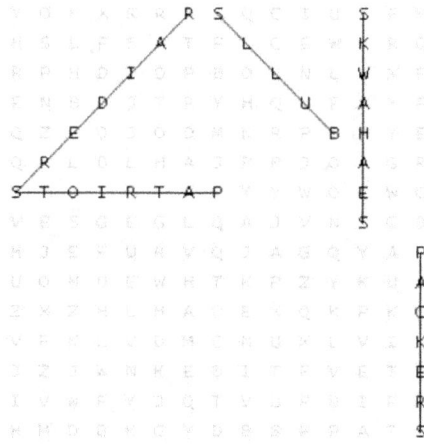

US Football Teams 2

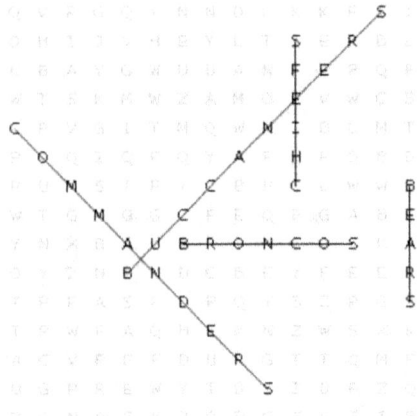

US Football Teams 3

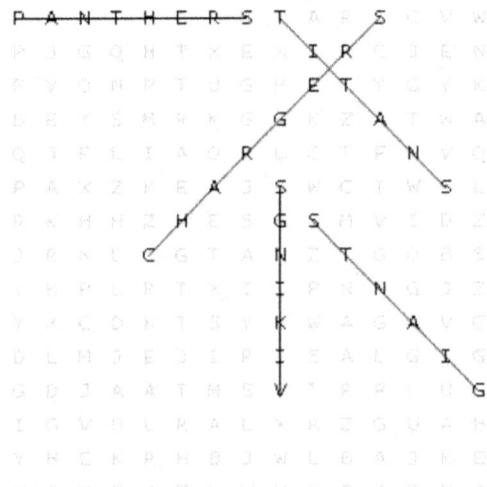

US Football Teams 4

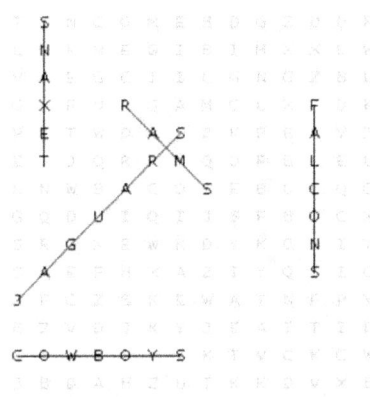

US Football Teams 5

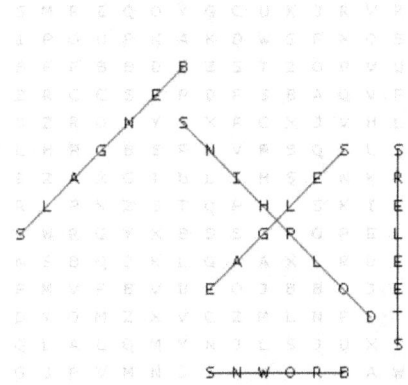

US Soccer Teams 1

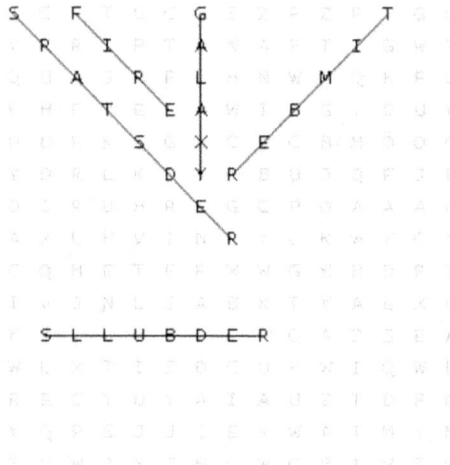

US Soccer Teams 2

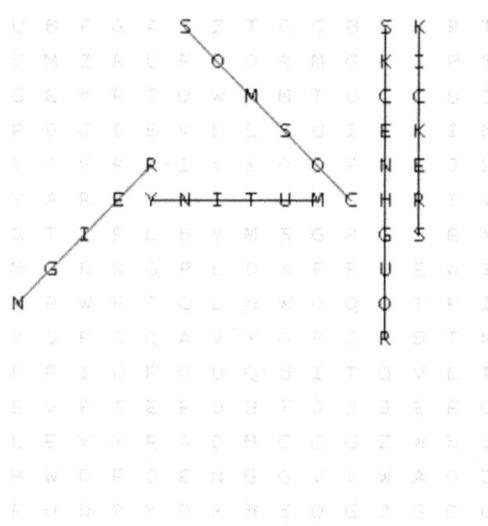

US Tennis Stars 1

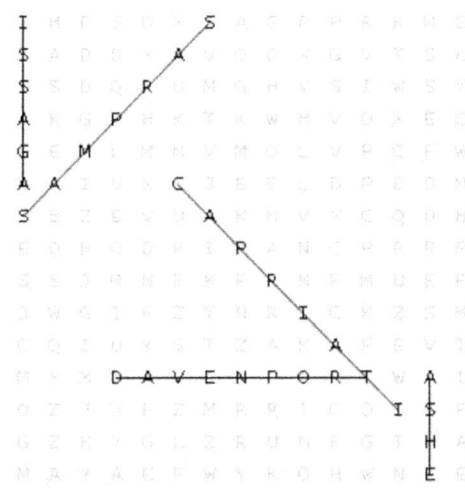

US Tennis Stars 2

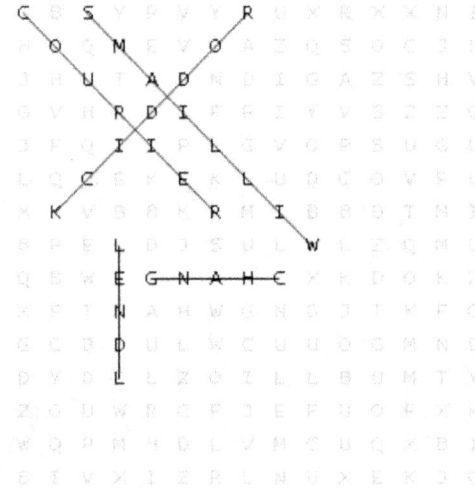

US Tennis Stars 3

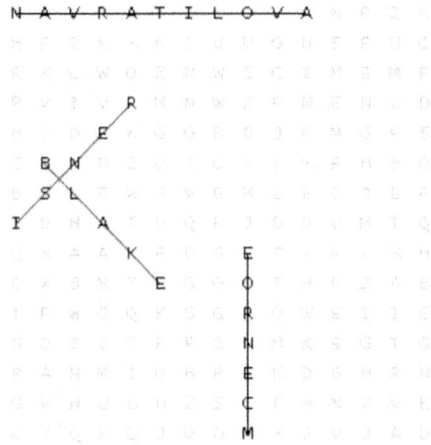

US Tennis Stars 4

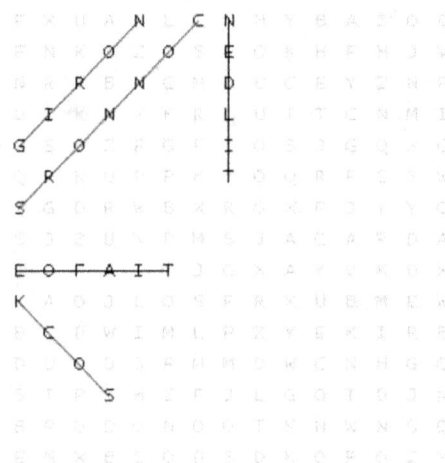

United State Territories

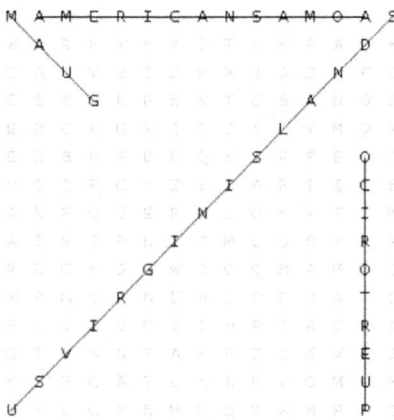

State Landmarks – Alabama

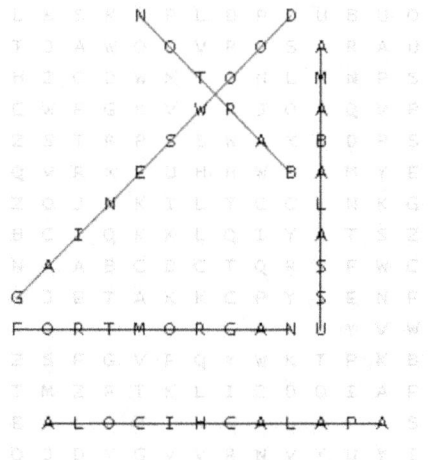

State Landmarks – Alaska

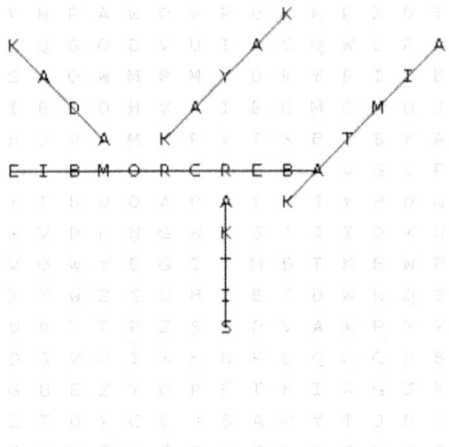

State Landmarks – Delaware

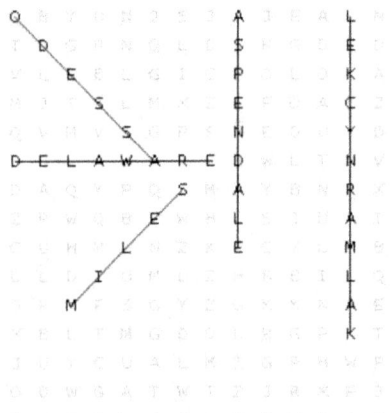

State Landmarks – Arizona

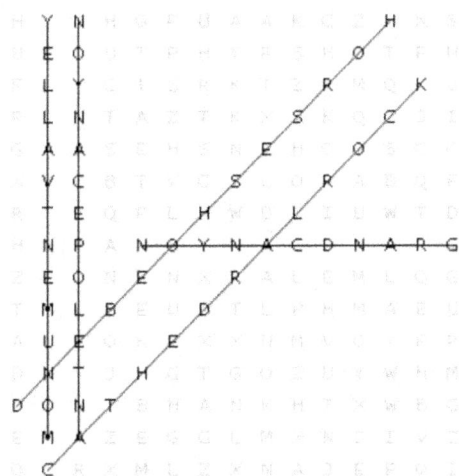

State Landmarks – Illinois

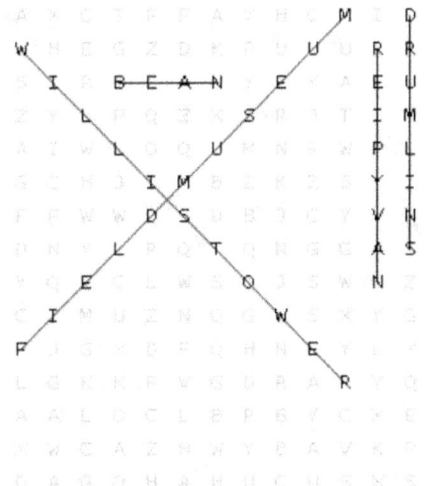

State Landmarks – Arkansas

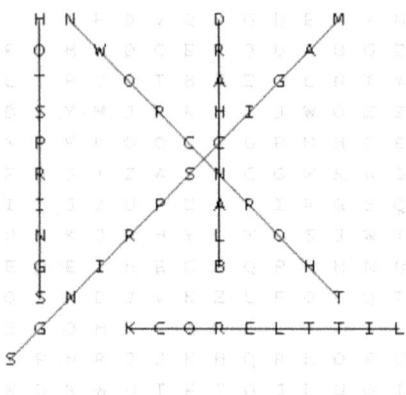

State Landmarks – Georgia

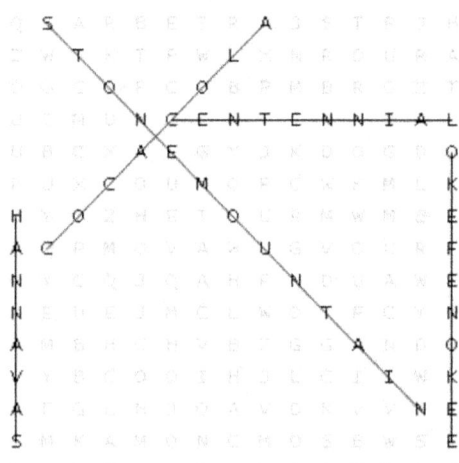

State Landmarks – Florida

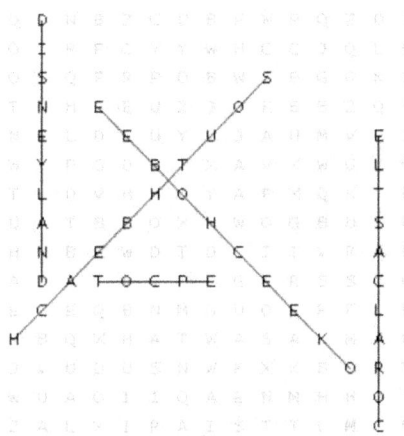

State Landmarks – California

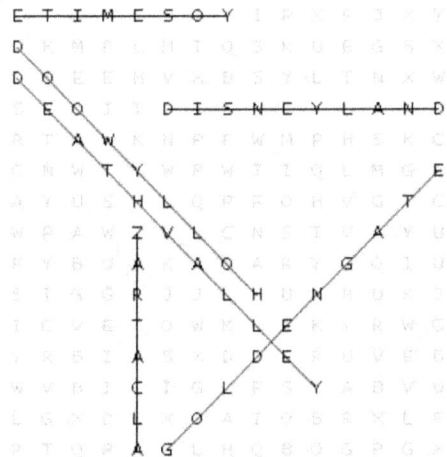

State Landmarks – New Mexico

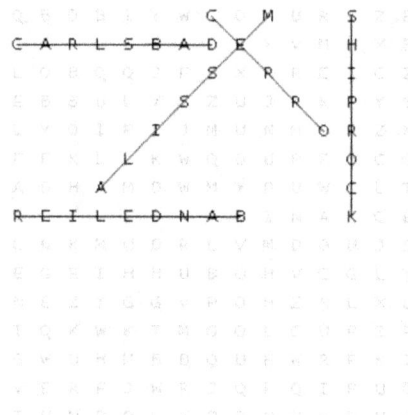

State Landmarks – New York

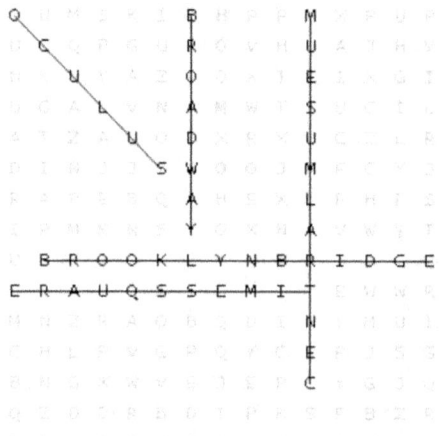

State Landmarks – Texas

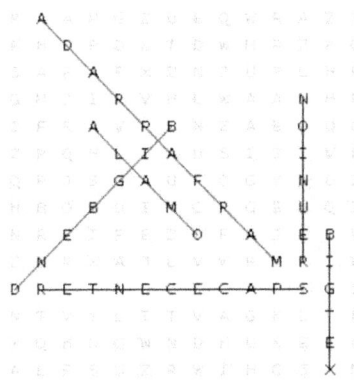

State Landmarks – Nevada

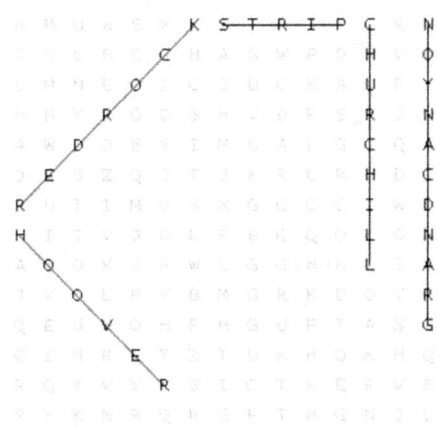

State Landmarks – Oregon

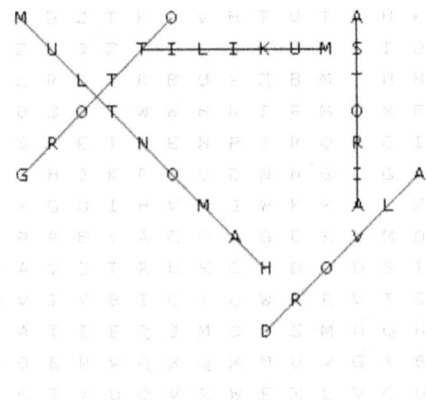

State Landmarks – Wyoming

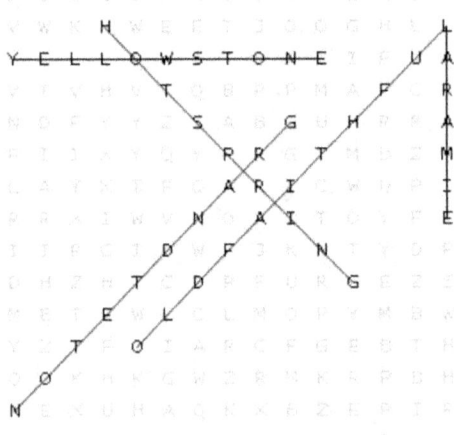

State Landmarks – New Hampshire

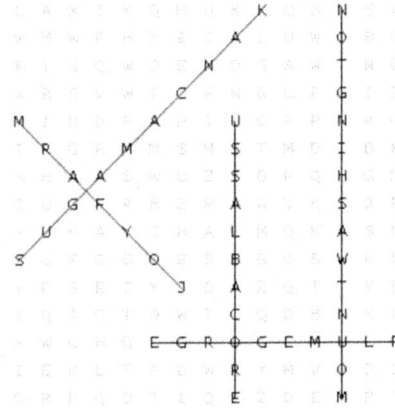

State Landmarks – Hawaii

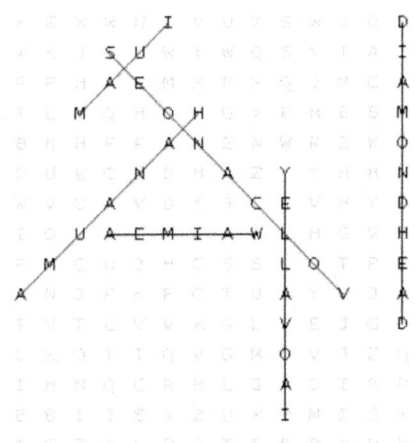

State Landmarks – Idaho

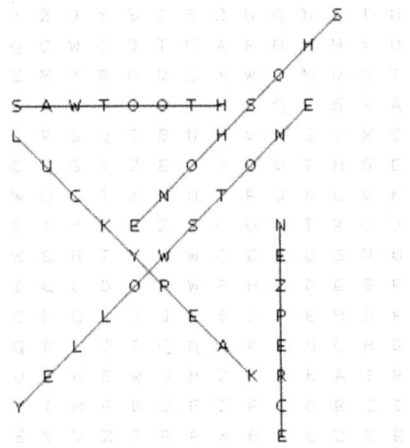

State Landmarks – Virginia

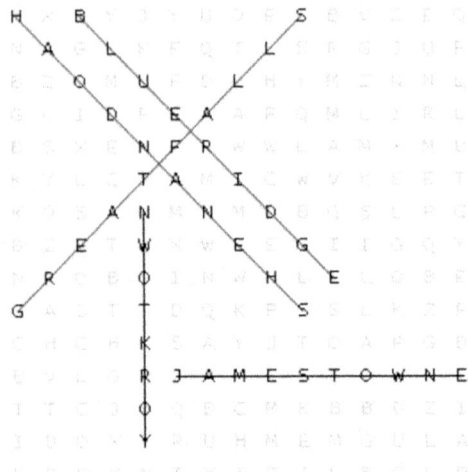

State Landmarks – North Carolina

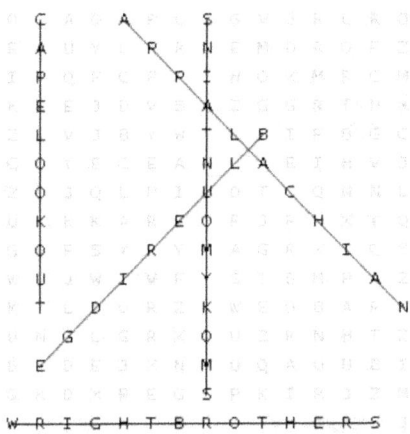

State Landmarks – South Carolina

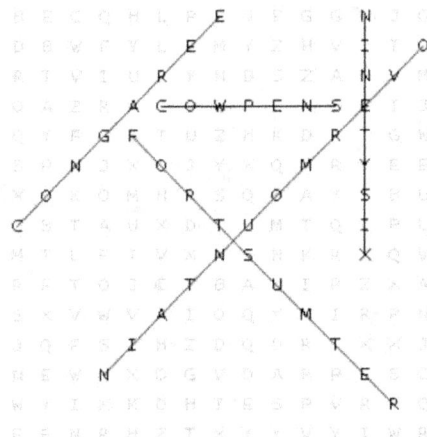

State Landmarks – Iowa

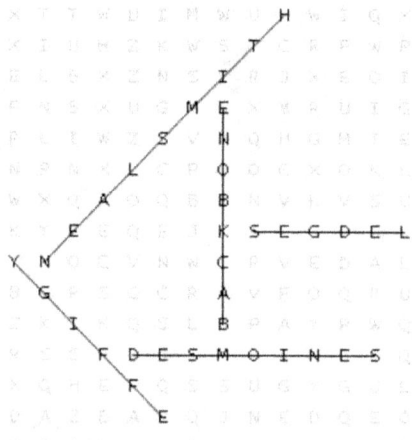

State Landmarks – Mississippi

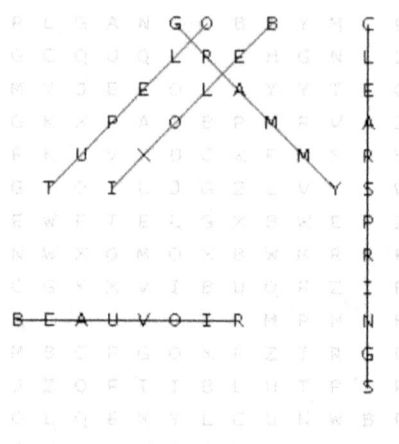

State Landmarks - Colorado

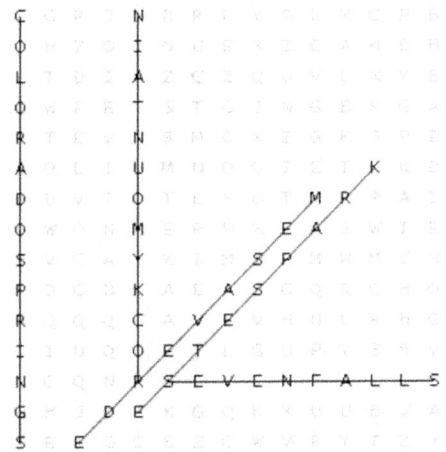

State Landmarks – Connecticut

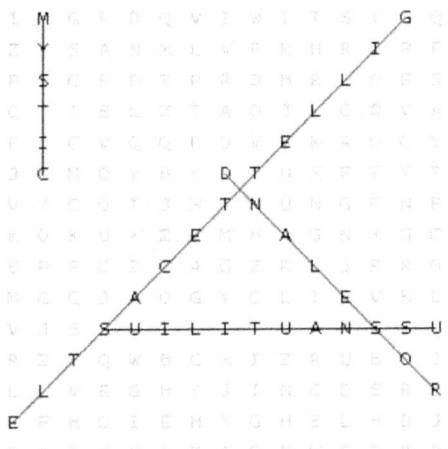

State Landmarks – Ohio

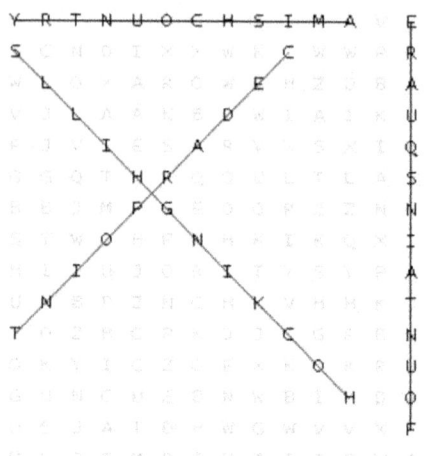

State Landmarks – Oregon

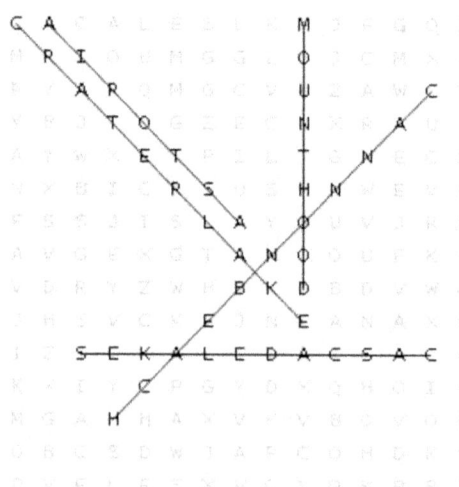

State Landmarks – Virginia

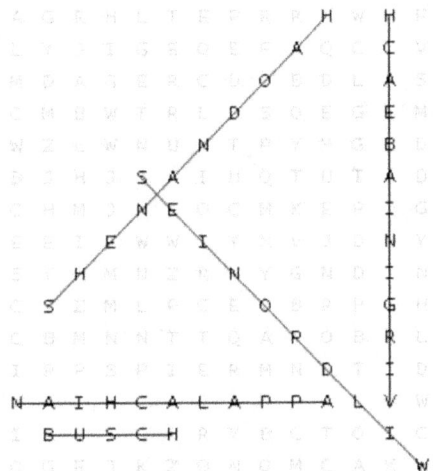

State Landmarks – Kansas

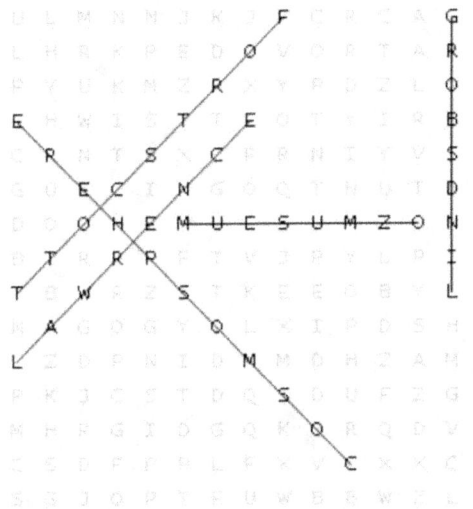

State Landmarks – Kentucky

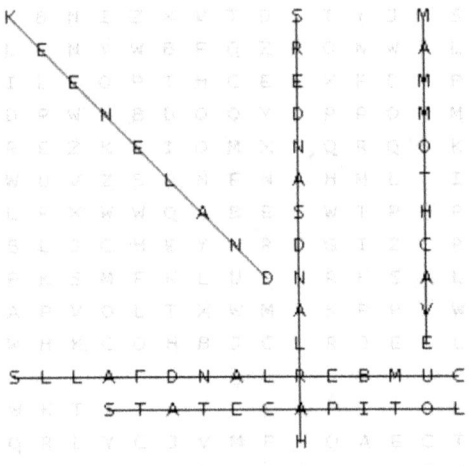

State Landmarks – Maine

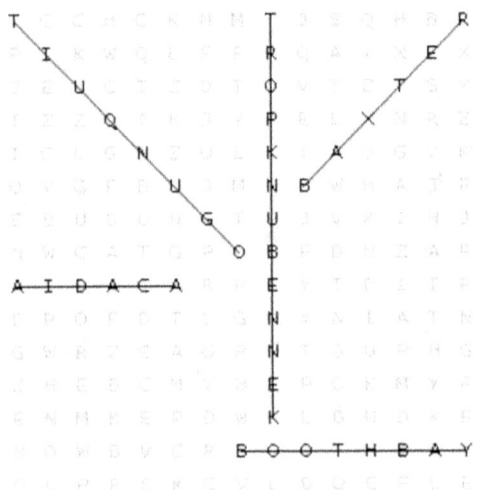

State Landmarks - Maryland

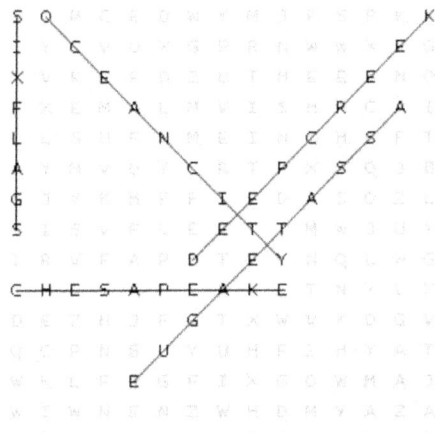

State Landmarks – New Hampshire

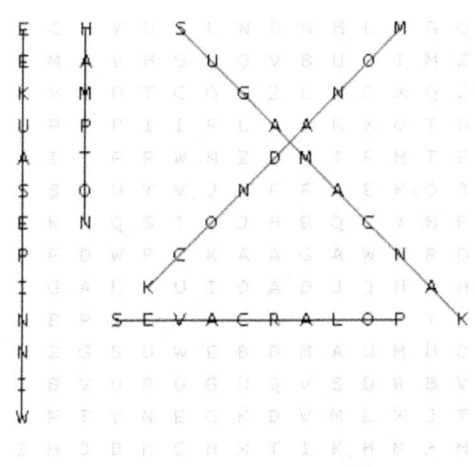

www.ingramcontent.com/pod-product-compliance
Lightning Source LLC
Chambersburg PA
CBHW071624080526
44588CB00010B/1265